JAN KLAGE

WETTER MACHT GESCHICHTE

Der Einfluß des Wetters
auf den Lauf der Geschichte

Frankfurter Allgemeine Buch
IM F.A.Z.-INSTITUT

Bibliografische Information Der Deutschen Bibliothek
Die deutsche Bibliothek verzeichnet diese Publikation in
der Deutschen Nationalbiografie; detailliertere bibliografische
Daten sind im Internet über http://dnd.ddb.de abrufbar.

Frankfurter Allgemeine Buch
IM F.A.Z.-INSTITUT

© F.A.Z.-Institut für Management-,
Markt- und Medieninformationen GmbH
60326 Frankfurt am Main
Alle Rechte, auch die des auszugsweisen Nachdrucks, vorbehalten
Umschlaggestaltung: F.A.Z.-Marketing/Grafik
Illustration: Florian Mitgutsch
Druck: Ebner & Spiegel GmbH, Ulm
Dritte Auflage 2003

Das Werk einschließlich seiner Teile ist urheberrechtlich geschützt. Jede Verwertung
außerhalb der engen Grenzen des Urheberrechtsgesetzes ist ohne Zustimmung des
Verlages unzulässig und strafbar. Das gilt insbesondere für Vervielfältigungen, Überset-
zungen, Mikroverfilmungen und die Einspeisung und Verarbeitung in elektronischen
Systemen.

ISBN 3-89843-097-9

INHALT

| Vorwort | 10 |
| Einleitung | 16 |

BEVOR WETTER GESCHICHTE MACHT

Eine kleine Wetterkunde	24
Klima und Kultur	42
Wetterprophetie	50
Klima macht Geschichte	62

WETTER MACHT GESCHICHTE

| Teutoburger Wald 9 n. Chr.: »Römer im Regen« | 76 |

Spanisch-englischer Seekrieg 1588:
»Das stürmische Ende der Armada«   92

Revolution in Frankreich 1794:
»Ein Revolutionstraum endet im Platzregen«   110

Irische »Potato Blight« 1846:
»Mißernte und Massenflucht«   128

D-Day 1944:
»Ein Wetterfenster zum Kriegsende«   138

Hiroshima 1945:
»Wetterbesserung bringt den Tod«   156

Die Kuba-Krise 1962:
»Die Corioliskraft stoppt das Kräftemessen«   166

WER DAS WETTER BEHERRSCHT, BEHERRSCHT DIE WELT

Wetter als Waffe	176
Wetter auf Bestellung	182
»Space Weather«	204
Virtuelles Wetter	212

ANHANG

Wetter-Abc	218
Bücher zum Weiterlesen	226
Der Autor	238

VORWORT

So lange, wie die Menschheit denken kann, gehört es zu ihren Überlebensstrategien, sich vor Wettereinflüssen zu schützen. Doch nicht nur schützen hieß und heißt die Devise, sondern mit dem Wetter zu leben. So konnte man viele Wettersituationen auch für den eigenen Vorteil nutzen.

Gerade jetzt, da die Fragen der Klimaveränderung überall diskutiert und Fragen nach der Größe des anthropogenen Anteiles an den Veränderungen kontrovers beantwortet werden, sei daran erinnert, daß extreme Wetterereignisse keine Erscheinung der Neuzeit und des Industriezeitalters sind. Zugegeben, häufig treffen uns heute Wettererscheinungen erheblich empfindlicher als unsere Vorfahren. Das hat aber nichts mit der Erscheinung, sondern mit der Empfindlichkeit der von uns genutzten Systeme zu tun. Man denke nur an die mittlerweile enorme Verbreitung elektronischer Anlagen, ob zu Hause oder im Büro, und die weltweite Vernetzung unserer Informationssysteme. Ein Blitzeinschlag an der richtigen Stelle, und schon geht eine Weile nichts mehr. Wir brauchen uns nur an Lothar, den Weihnachtsorkan 1999, zu erinnern, der besonders in Frankreich für die Bevölkerung empfindliche Folgen wegen des tage-, ja teilweise monatelangen Stromausfalles in großen Gebieten hatte.

Aber so weit brauchen wir gar nicht zurückzugehen. Denken wir nur an die sintflutartigen Regenfälle in der ersten Hälfte des Monats August 2002 in weiten Teilen Mitteleuropas und des Balkans, die Tage danach zu Überschwemmungen ungeahnten Ausmaßes führten. In manchen Gebieten wie beispielsweise Mittelitalien vernichteten faustgroße Hagelkörner zusätzlich landwirtschaftliche Anpflanzungen, welche die Niederschläge einigermaßen überstanden hatten. Allerdings sind all diese Schäden nicht angetan, daß ganze Völker ihre angestammten Siedlungsgebiete deswegen verlassen, um nach neuen Ufern aufzubrechen, die wettermäßig günstiger sind. Auch weltpolitisch haben solche Wetterereignisse kaum noch Folgen, so schlimm das Ereignis auch für die Betroffenen ist. Die weltweite Verflechtung der Wirtschafts- und Finanzsysteme bietet da doch einen gewissen Schutz. Die ständig wiederkehrenden Überschwemmungskatastrophen im Fernen Osten zeigen das. Aber strategisch betrachtet, spielt das Wetter heute noch eine größere Rolle als früher.

Mit einem meteorologischen Basiswissen, das in einprägsamer Form zu Beginn des kleinen Werkes vermittelt wird, gelingt es, dem Leser kurzweilig Geschehnisse in der Vergangenheit aufzuzeigen, deren Ausgang eindeutig vom Wetter bestimmt wurde und die globale Folgen hatten. So wie die letztlich durch eine zum ungünstigen Zeitpunkt aufgetretene Schlechtwetterlage die Pläne des spanischen Königs Philipp II. zur Eroberung der Britischen Inseln scheitern ließ. Oder auch die Revolution in Frankreich, deren endgültiger Ausbruch eine Folge äußerst schlechten Wetters zu einem ungünstigen Zeitpunkt war. Gerade aber dieser Revolutionsausbruch hatte auch für die Meteorologie Folgen. Er bedeutete das Ende des Anfanges eines der ersten weltweiten Wetterbeobachtungssysteme, das der Kurfürst Carl Theodor von der Pfalz von 1780 bis 1795 unterhielt und aus seiner Privatschatulle finanzierte. 36 über Europa vom Ural bis Frankreich und von Skandinavien bis Italien verstreute Stationen, eine Station auf Grönland und zwei Stationen an der Ostküste Nordamerikas umfaßte das Netz. Die Daten wurden alle nach Mannheim in die Residenz des Kurfürsten gesandt und dort ausgewertet.

Schon immer wollte man unter Einbeziehung des Wetters planen. Doch über Jahrtausende tappte man im dunkeln. In unserer heutigen Welt sind wir da ein ganzes Stück weiter. Aber trotz allen Wissens scheitern auch wir manchmal noch an einem, dem Wetter.

Zwar berechnen wir seine Entwicklung für die nächsten Tage im voraus mit gutem Erfolg, doch immer
noch nicht 100prozentig. Auch Möglichkeiten der
Wetterbeeinflussung haben wir uns geschaffen, zwar
zum jetzigen Zeitpunkt noch im kleinen, regionalen
Rahmen und nur auf wenige Parameter beschränkt,
doch der Mensch forscht weiter. Die wissenschaft-
lichen Erkenntnisse haben uns schon viel gebracht,
aber dennoch sind wir bis heute machtlos gegen
plötzlich über uns hereinbrechende katastrophale
Wetterereignisse. Zwar bereiten wir uns aufgrund
frühzeitiger Warnungen vor, die Folgen der Ereignisse zu mildern, doch wenn sie zu groß sind, gelingt
das auch nicht immer in der gewünschten Weise.
Nach wie vor gilt trotz aller Erkenntnisse: Alles läßt
sich planen, nur das Wetter nicht!

Uwe Wesp
Diplom-Meteorologe

EINLEITUNG

Das Wetter bestimmt unser Leben. Eine besondere Rolle kommt dabei wohl dem Regen zu. Grundsätzlich regnet es nämlich zur Unzeit. Mit Vorliebe bei Hochzeiten, Kindergeburtstagen oder Golfturnieren. Am allerliebsten aber an Wochenenden oder im Urlaub. Mit etwas weniger Regen hätte ich dieses Buch wahrscheinlich gar nicht geschrieben. Mit etwas weniger Regen hätte ich es im September 1985 wahrscheinlich rechtzeitig zum Auswahltest einer großen deutschen Fluggesellschaft geschafft und würde heute einen Jumbo Jet bewegen. Allein der Regen – und mein damaliges Auto, ein betagtes englisches Cabriolet – wußten dies zu verhindern: Bei Regen sprang der Wagen nämlich grundsätzlich nicht an.

Wenn das Wetter es will, stehen Geschäftsleute im Stau, verspäten sich Flüge und fallen Geschäftsabschlüsse ins sprichwörtliche Wasser. Was hier so launisch und unberechenbar wirkt, folgt in Wirklichkeit

18 ganz bestimmten Gesetzmäßigkeiten, die letztlich zur Bildung der charakteristischen Wetterabläufe und Wetterphänomene führen. Die ersten Kapitel dieses Buches erzählen deshalb von den Zutaten, aus denen das Wetter zu jeder Stunde neu zusammengebraut wird: von der Strahlungsenergie der Sonne, dem Aufbau der Atmosphäre und der Oberflächengestalt unseres Planeten. Allesamt Größen, die sich gegenseitig beeinflussen und zusammen ein unvorstellbar großes ökologisches System bilden: das Wetter.

Die Liste bedeutender Wetterkapriolen ist lang. Das Wetter hatte schon immer weitreichende Konsequenzen für die Menschen. Sein Einfluß auf den Lauf der Geschichte ist bemerkenswert. Die Sintflut in Genesis 6–9 ist die vielleicht erste und bekannteste überlieferte wetterbedingte Katastrophe, die den Lauf der Geschichte vermutlich verändert hat und zu der Parallelberichte aus der altorientalischen Literatur vorliegen (Atramhasis, Gilgamesch Tafel XI). Recht

bekannt sind wohl auch die historischen Folgen eines
Vulkanausbruchs auf den Azoren im Jahr 1811. Die
dabei aufgetretenen Schwefelemissionen verminder-
ten beispielsweise die Wärmeeinstrahlung durch die
Sonne über Monate, was 1812 zu einem bitterkalten
Winter führte und insofern eine entscheidende Rolle
für die Niederlage Napoleons in Rußland spielte.
Gänzlich unbekannt dürfte aber beispielsweise der
Einfluß des indonesischen Vulkans von Tambora auf
die Malerei sein. Er beförderte 1815 annähernd 100
Kubikkilometer Asche in die Atmosphäre. Danach
sanken in Europa die Durchschnittstemperaturen um
etwa ein 1°C, und das Jahr 1816 ging als »Jahr ohne
Sommer« in die Annalen ein. Durch den Staub in der
Atmosphäre aber kam es zu besonders farbenpräch-
tigen Sonnenaufgängen und Sonnenuntergängen, die
in den Bildern William Turners ihren Ausdruck fanden.

20 Faszinierende Verbindungen. Mich haben die allseits bekannten – vom Wetter geprägten – Ereignisse dazu bewegt, einmal nach den weniger bekannten, historisch bedeutsamen Wetterkapriolen zu suchen. Wußten Sie beispielsweise, daß Regen eine bedeutende Rolle bei der Niederlage der Römer im Teutoburger Wald spielte? Daß der Verlauf der Französischen Revolution maßgeblich von einem schweren Sommergewitter geprägt wurde? Die Historie des irischen Volkes vom Regen mitgeschrieben wurde?

Oder der Wind: Unzählige Male hat er Geschichte gemacht. Auffällig oft im Ärmelkanal. Wilhelm der Eroberer, die Spanische Armada und nicht zuletzt die Invasion der Alliierten waren den Launen des Windes ausgeliefert. Hiroshima wurde durch eine günstige Wetterlage am Tag des Abwurfs zum Opfer der ersten Atombombe der Geschichte. Und schließlich bewahrte der Westwind uns während der Kuba-Krise womöglich vor einem Atomschlag der Sowjetunion.

Angesichts der Hilflosigkeit, die der Mensch gegenüber meteorologischen Ausnahmezuständen empfindet, ist es nur konsequent, daß in unserem Jahrhundert versucht wurde, das Wetter zu beeinflussen. In den fünfziger Jahren wurden über weite Flächen des nordamerikanischen Kontinents die Wolken zur Regenerzeugung – mit mäßigem Erfolg – mit Silberjodid geimpft. Nebelauflösung und Hagelverhütung sind mittlerweile gängige Maßnahmen der erfolgreichen Wetterbeeinflussung. Heute aber forschen vor allem die Militärs auf dem Gebiet der Wettermodifikation. Geradezu unglaublich, was dort in geheimen Labors heranwächst: Von der künstlichen Erzeugung von Blitzschlägen bis hin zur Schaffung sogenannter Intelligenter Wolken reicht die Bandbreite der beeindruckenden, aber auch beängstigenden Technologien und Verfahren. Das abschließende Kapitel wird Ihnen eine Gänsehaut verschaffen. Aber lesen Sie selbst.

BEVOR
WETTER
GESCHICHTE
MACHT

EINE KLEINE WETTERKUNDE

Mal Hoch, mal Tief

Unsere Atmosphäre ändert ständig ihren Zustand. Vom »Wetter« sprechen wir dabei, wenn wir einen Zustand der Atmosphäre an einem bestimmten Ort und zu einer bestimmten Zeit beschreiben wollen. Dies geschieht dann durch die Messung und Vernetzung einer ganzen Reihe meteorologischer Daten, die sich aus dem Luftdruck, der Temperatur, der Luftfeuchte oder den Windverhältnissen ergeben. Das Klima schließlich ist nichts anderes als das statistische Mittel der gemessenen und beschriebenen Wetterzustände über einen Zeitraum von Jahren.

Die Mittelwerte der Wetterdaten wie Luftdruck, Temperatur, Feuchtigkeit, Niederschläge, Sonnenschein, Bewölkung, Wind etc. helfen bei der Charakterisierung und Einordnung eines Klimas. Und von dieser Einordnung haben wir alle schon einmal gehört:

26 Denn gemeint ist damit die Unterteilung in Tropen, Subtropen, gemäßigte Breiten oder auch Polarzonen.

In einem Hochdruckgebiet – der Name sagt es schon – definiert der Luftdruck dieses Gasgebilde. Luftdruck ist die Kraft, die die Luftmoleküle durch ihre Bewegung und ihr Gewicht auf eine Fläche ausüben.

Unsere Atmosphäre ist schließlich nichts anderes als ein Gemisch aus Gasen mit einem Gewicht von etwa 5.300 Billionen Tonnen, das von der Schwerkraft auf der Erde festgehalten wird. Ein enormes Gewicht, das da auf unseren Schultern lastet. Auf der Erdoberfläche ist es am höchsten, und wenn man auf einen Berg steigt, nimmt die Masse des Gewichtes, das sich über einem befindet, ab. Und damit auch der Druck.

Dieser Luftdruck wird in Hektopascal (hPa) nach dem französischen Physiker Blaise Pascal angegeben. Der »normale« Luftdruck wird auf dem Meeresspie-

gelniveau gemessen und liegt bei 1.013 hPa. Hoch-
druck und Tiefdruck können, in Messungsdaten aus-
gedrückt, folgendes bedeuten: Herrscht in Deutschland ein Luftdruck von 1.020 hPa und in Frankreich,
Portugal und der Schweiz von 1.030 hPa, liegt ein
Tief über Deutschland.

Durch die Schwerkraft werden die Unterschiede des
Luftdrucks auf der Erde ständig ausgeglichen. Die
Luft strömt vom schweren Hoch zum leichten Tief.
Diese Luftbewegung kann man als Wind spüren.
Wind bezeichnet die Bewegung in der Atmosphäre
und ist durch eine Geschwindigkeit und eine Rich-
tung gekennzeichnet.

Am deutlichsten wird das am Beispiel einer Raum-
heizung. Die von der Heizung erwärmte Luft dehnt
sich aus, wird dünner und steigt auf. Es entsteht ein
Tief. Von der Zimmerdecke – dort steigt der Luftdruck, es entsteht ein Hoch – strömt die Luft zur

28   gegenüberliegenden Seite des Raumes (dort ist der Luftdruck an der Decke vergleichsweise niedrig, es herrscht dort ein Tief) und kühlt sich langsam ab. Dabei wird sie wieder dichter und schwerer und sinkt zu Boden. Hier entsteht dann wieder ein hoher Luftdruck, also ein Hoch. Von dort strömt die nun kalte und schwere Luft in die gegenüberliegende Seite des Zimmers zurück zur Heizung und gleicht den Luftdruck wieder aus. Bleibt die Heizung an und somit die Wärmezufuhr erhalten, wird die Luft wieder erwärmt. Es bildet sich ein Kreislauf.

Dieses Beispiel zeigt auch, daß über einem Tief am Boden immer ein Hoch liegt. Ebenso herrscht über einem Hoch am Boden ein geringerer Luftdruck, also ein Höhentief. Dieses einfache Beispiel, beschrieben am Heizkörper in einem Zimmer, zeigt, wie sich Wetter im großen und ganzen abspielt. Draußen ist das natürlich viel komplexer und auch komplizierter. Dazu kommen wir jetzt.

Sonne macht Wind

Im Laufe eines Jahres umkreist die Erde die Sonne in einem Abstand von etwa 150 Millionen Kilometern auf einer kreisförmigen Bahn. Der perfekte Zufall. Bei einem nur um zehn Millionen Kilometer geringeren Abstand würde die Atmosphäre nämlich verdampfen, bei einem entsprechend größeren Abstand die Erde vereisen. Die Lage der Erde im All ist gegenüber der Ebene, auf der sie um die Sonne wandert, um 23,5° geneigt. Einen Teil des Jahres scheint die Sonne mehr auf die Nordhalbkugel, den anderen Teil mehr auf die Südhalbkugel. Die Folge der unterschiedlich intensiven Einstrahlung sind die Jahreszeiten.

Am Äquator, dem größten Breitenkreis, strahlt die Sonne fast immer senkrecht auf die Erde. Entsprechend groß ist dort die vorhandene Energiemenge. Im Gegensatz dazu kühlt es sich in der Polarnacht,

30   die am Nordpol vom 23. September bis zum 21. März
dauert, extrem ab. Und nun können wir das oben Ge-
lernte bereits einsetzen, wobei wir uns an den Heizkörper erinnern: Aus der unterschiedlichen Erwärmung der Erde folgt auch eine unterschiedliche Luft-
druckverteilung. Vom Höhentief am Äquator kann
die Luft direkt zum Hoch an den Polen strömen. Dabei steigt sie am Äquator warm und ausgedehnt auf
eine Höhe von 17 Kilometern, während an den Polen
die kalte, schwere Luft im Winter sechs und im Sommer zehn Kilometer Höhe erreicht.

Um den Äquator entsteht also eine Art Berg, von
dem die Luftteilchen in Richtung der kalten Täler an
den Polen rollen: Es entwickelt sich eine endlos von
Süden nach Norden strömende Luftmasse, die in Bodennähe einen ununterbrochen wehenden Nordwind
zur Folge hätte, wenn man diese schematische Ver-
einfachung der Luftzirkulation zugrunde legt. Am
Ende hätte das einen Nordwind zur Folge, der kalte

Polarluft zum Äquator transportierte und unsere
Temperaturen selbst im Sommer dicht an der Null-
grad-Grenze hielte. Wie unangenehm.

Westwind

Glücklicherweise aber dreht sich unsere Erde in 24
Stunden einmal von Westen nach Osten um ihre
eigene Achse, was man sich anhand eines Globusses
leicht vorstellen kann und eigentlich auch jedem
bekannt sein dürfte. Dabei erreicht sie am Äquator
eine Geschwindigkeit von 1.670 km/h und an den
Polen eine Geschwindigkeit von ...? Genau: Dort
sind es 0 km/h.

Die über dem Äquator erwärmte Luft behält die hohe Geschwindigkeit bei, wenn sie sich in 14 bis 15
Kilometern Höhe zu den Polen bewegt. Dabei
kommt sie aber in die Regionen, in denen sich die

Erde mit einer immer geringeren Geschwindigkeit bewegt. Schon am 30. Breitengrad überholen die hohen Luftschichten die Erde bereits mit einer Geschwindigkeit von annähernd 220 km/h und sind bis dahin zu einem konstanten Westwind abgelenkt worden. Fachleute sprechen dabei von der Corioliskraft, die zu dieser Ablenkung der hohen Luftströmung führt. Die Kraft wird nach ihrem Entdecker, dem französischen Ingenieur und Physiker Gaspard Gustave de Coriolis (1792–1843), genannt.

Die Luft in der Höhe kühlt sich um den 30. Breitengrad herum ab und sinkt zu Boden. Es entsteht ein Ring, der sich als subtropischer Hochdruckgürtel um die Erde spannt. In Bodennähe verlangsamt sich die Luft wegen der Reibung an der Erdoberfläche und strömt wieder in Richtung der äquatorialen Tiefdruck-rinne. Das ist dann der Passatwind. Er weht auf der Nordhalbkugel aus Nordost und auf der Südhalbkugel aus Südost, weil sich die Luft nun lang-

samer bewegt, als sich die Erde dreht, und in westli-   **33**
che Richtung abgelenkt wird.

Dieses sich ständig ändernde Luftmassentransport-
unternehmen sorgt in der Westwindzone für die Entstehung der aus dem Wetterbericht bekannten Hoch-
und Tiefdruckgebiete. Wird in Bodennähe kalte Luft
von warmer verdrängt, fällt dort der Luftdruck, und
es entsteht ein Tief. In dem Gebiet, wo am Boden
die Kaltluft hinströmt, steigt der Luftdruck, und ein
Hoch entsteht.

Warum ist es auf den Bergen kälter als im Tal?

Wie aber kommt es, daß auf den Berggipfeln, die der
Sonne eigentlich am nächsten sind, niedrigere Temperaturen als in den Tälern herrschen? Die eis- und
schneebedeckten Gipfel in den tropischen Gebieten
zeigen dies schließlich am deutlichsten. Nun, die Ur-

34 sache ist vor allem darin zu sehen, daß die gasförmige Lufthülle der Erde (Atmosphäre) durch die Sonne nicht von oben aufgeheizt wird, sondern durch die erwärmte Erdoberfläche von unten. Je weiter man sich von dieser Heizfläche entfernt, desto kälter wird die Luft.

Wolkenbildung

Nun ist diese Heizfläche nicht überall gleich beschaffen. Da gibt es Sandflächen, Steine, Getreidefelder und Äcker, aber auch Wiesen, Wälder und Seen. Natürlich erwärmen sich die eher trockenen Flächen schneller als ein Wald oder ein See. Neben der Flächenbeschaffenheit spielt aber auch die Flächenneigung eine wesentliche Rolle bei der Erwärmung. Zur Sonne geneigte Hänge erwärmen sich stärker als ebenes Gelände.

Über den stärker erwärmten Flächen bilden sich Warmluftblasen, in denen die Luft eine geringere Dichte besitzt als in der Umgebung. Bei ausreichendem Auftrieb heben sie sich vom Boden ab und steigen auf. Das nennt man dann Thermik. Erinnern wir uns an das Beispiel mit der Heizung: Als Ersatz für die in zumeist engen Rohren aufsteigende Warmluft sinkt nämlich wieder kältere Luft herab. Hier kommt die Luftfeuchte ins Spiel: Die Luftfeuchte ist ein Maß für die Menge an Wasserdampf (also gasförmigem Wasser) in der Atmosphäre. Die aufsteigenden Warmluftblasen enthalten ebenfalls Wasserdampf.

Kalte Luft kann diesen nicht in dem Maße aufnehmen wie warme Luft. Daher wird irgendwann aufgrund der beim Aufsteigen erfolgenden Abkühlung eine Temperatur erreicht, bei der die Luft keinen Wasserdampf mehr aufnehmen kann; sie hat ihren Sättigungsgrad erreicht. Wird die aufsteigende Luft noch weiter abgekühlt, muß sie einen Teil des Was-

36 serdampfes in Form sehr kleiner Tropfen abgeben. Dieser Vorgang heißt Kondensation. Die Temperatur, bei der die Kondensation einsetzt, wird Taupunkt genannt. Innerhalb der thermischen Blasen bilden sich dann Wolken, die als isolierte Haufen am Himmel sichtbar werden.

Für die Wolkenbildung sind allerdings sogenannte natürliche und anthropogene Kondensationskerne notwendig, die in der Luft enthalten sind. Das sind zum einen natürliche Kondensationskerne wie mikroskopisch kleine Staubkörner oder Meersalzkristalle. Diese hygroskopischen (wasseranziehenden) Salzkristalle können den Wasserdampf in der gesättigten Luft besonders gut binden. Zum anderen verursacht die vom Menschen hervorgerufene Luftverschmutzung feinen Staub und kleine Schwebeteilchen. Sie vergrößert die Anzahl der Kondensationskerne zusätzlich.

Wolkenformen

Wolken kennzeichnen nicht nur den augenblicklichen
Zustand des Wetters, sondern geben auch Aufschluß
über vertikale und horizontale Luftbewegungen in
der Atmosphäre. Sie liefern damit wertvolle Hin-
weise für die Wetterbeobachtung und -prognose. Die
große Vielfalt der Wolkenformen wurde deshalb
schon vor vielen Jahren geordnet und klassifiziert:
Cirrus, Cirrocumulus, Cirrostratus, Altocumulus, Al-
tostratus, Nimbostratus, Stratocumulus, Stratus, Cumulus, Cumulonimbus.

Eine erste Wolkenkennzeichnung stammt von dem
Engländer Luke Howard (1772–1864) aus dem Jahre
1803. Auf ihrer Grundlage wurde später eine Eintei-
lung der Wolken nach ihrem Aussehen und ihrer Höhenlage verfeinert. Heute ist die Weltorganisation für
Meteorologie für die einheitliche Anwendung einer
internationalen Wolkenklassifikation zuständig. Sie

gibt sogar einen Atlas heraus: den Internationalen Wolkenatlas. Dieser Atlas unterscheidet nach Höhenlage und allgemeinem Aussehen der Wolken. Dabei kommt man dann auf zehn Wolkengattungen, die sich wiederum in mehrere Wolkenarten und -unterarten sowie Sonderformen unterscheiden lassen. Für unsere Zwecke führt das aber zu weit. Die Betrachtung der Wolkenbildung ist erst komplett, wenn wir auch die Entstehung von Niederschlag behandeln. Niederschlag ist kondensierter Wasserdampf, der die Erdoberfläche in flüssiger oder fester Form erreicht.

Von der Wolke zum Regentropfen

Natürlich gibt es viele Wolken, aus denen es nicht regnet. Die in ihnen enthaltenen winzig kleinen Tröpfchen schweben wegen ihres geringen Gewichts in der Luft oder werden vom Wind in der Schwebe gehalten. Damit überhaupt Niederschlag auf die Er-

de kommt, müssen die zwischen 0,01 und 0,1 Millimeter kleinen Tröpfchen in den Wolken erst einmal einen Durchmesser von 0,5 bis 5 Millimeter erreichen. Der einfachste Weg zum Regentropfen wäre das Zusammenfließen der vorhandenen kleinen Wolkentröpfchen. Das kommt allerdings nur in tiefen Schichtwolken vor, die sich zudem über mehrere Tage halten müssen. Schließlich braucht es mindestens 100.000 Wolkentröpfchen, um einen brauchbaren Regentropfen entstehen zu lassen.

Schneller und einfacher gelingt dies beispielsweise in den weiter hochragenden Wolken, den Quellwolken. Hier helfen Eiskristalle nach, die in einer Höhe von 2.500 bis 5.500 m und bei 12°C bis −35°C entstehen. Auf ihrem anschließenden Sinkflug durch das Wolkeninnere binden die Eiskristalle weitere Wolkentröpfchen an sich, indem sie sie festfrieren. Auf diesem Weg können sie dann innerhalb von ca. zwanzig Minuten um das Zehntausendfache wachsen. Ob der so entstehende Niederschlag dann als Regen, Schnee oder Graupel fällt, hängt am Ende von der Temperaturschichtung unterhalb der Wolke ab. Fallen die Eisklumpen allerdings mit einer derartigen Geschwindigkeit zu Boden, daß die Zeit in der warmen Luft nicht mehr zum Schmelzen des Eises ausreicht, spricht man, je nach Größe, von Graupel oder Hagel.

KLIMA UND KULTUR

Von Hippokrates bis Huntington

Welchen Einfluß haben das Klima oder das Wetter auf unser Leben, auf unsere Psyche und unser physisches Wohlergehen? Eine sehr spannende und auch wichtige Frage. So spannend und wichtig, daß sich Menschen von der Antike bis in die Neuzeit auf die Suche nach Antworten gemacht haben. Am Anfang waren es die Philosophen, dann die Sozialwissenschaftler und schließlich die Naturwissenschaftler, die sich mit den Zusammenhängen kultureller und ethnischer Entwicklungen und den Besonderheiten des Klimas befaßten.

Neben der relativ überraschungsfreien Erkenntnis, daß Klima eine Schlüsselbedingung für die menschliche Existenz ist, kam man dabei schon sehr früh zu der Überzeugung, daß das Klima für besondere Entwicklungen, Leistungen oder auch Rückständigkeiten der Kulturen verantwortlich ist. Eine Überzeugung, die sehr schnell einen dogmatischen Charakter annahm und als sogenannter »Klimadeterminismus« Bestandteil wissenschaftlicher und populärer Erklärungsmodelle wurde. Heute sind wir auf sehr viel sicherem Boden, wenn wir behaupten, daß das Klima lediglich Rahmenbedingungen stellt.

Insgesamt lassen sich drei Phasen in der Diskussion der Klimafolgen beschreiben. Beginnen wir mit der ersten Phase, die die Vorstellungen griechischer und römischer Philosophen und die Beobachtungen im frühen Mittelalter umfaßt.

Die Auswirkungen des Klimas auf das körperliche und seelische Befinden und die Weltbilder des Menschen wurde erstmals von Hippokrates von Kos (460–377 v. Chr.) in seinem Werk »Luft, Wasser und Ort« ausführlicher erörtert. Eine seiner wichtigsten Hypothesen war, daß fruchtbare Landschaften »wei-

che Individuen« hervorbrächten und weniger frucht- **45**
bare Landstriche »heroische Individuen«. Wenig später machte Aristoteles (384–322 v. Chr.) das Klima als
Ursache für die Überlegenheit der Griechen über die
Barbaren aus.

Mehr gab diese erste Phase der Klimafolgenforschung
nicht her. Wir können deshalb sehr schnell zur zweiten Phase übergehen, die mit dem Zeitalter der Aufklärung im 18. Jahrhundert begann. Hier wurde die
Auseinandersetzung mit der Klimaproblematik von
Denkern wie Georg Wilhelm Friedrich Hegel, Johann
Gottfried Herder oder Charles de Montesquieu verfeinert. Für den Philosophen Hegel war es eine
Selbstverständlichkeit, daß sich eine »Kultur« nur im
Rahmen eines moderaten Klimas entwickeln kann.
Die Beeinflussung der menschlichen Charaktereigen-
schaften durch das Klima wurde für den französischen Philosophen Montesquieu 1784 zur wich-
tigsten Erklärungsursache unterschiedlicher gesell-

schaftlicher und kultureller Phänomene. Für ihn waren Menschen in kalten Klimazonen kognitiv und physisch aktiver als Menschen in warmen Klimagebieten. Allein Herder setzte sich in seinem Hauptwerk »Ideen zur Philosophie und Geschichte der Menschheit« (1784–1791) etwas kritischer mit den bis dato vorherrschenden Sichtweisen auseinander. Er hielt es für sehr gewagt, Rückschlüsse aus per se unsicheren klimatischen Erkenntnissen zu ziehen und diese auf ganze Völker oder Lebensräume zu übertragen. Eine, wie wir später noch sehen werden, sehr kluge und weitreichende Kritik der aktuellen Diskussion seiner Zeit. Richtig wahrgenommen hat sie aber niemand. Sonst wäre es nicht zu einer dritten Phase der Auseinandersetzung mit der Klimaproblematik gekommen, die in der zweiten Hälfte des 19. Jahrhunderts begann und bis in die späten dreißiger Jahre des 20. Jahrhunderts andauerte.

Wie zufällig ist der Zufall?

Nun waren aber wenigstens alle an der Diskussion beteiligt. International und interdisziplinär: Anthropologen, Historiker, Mediziner, Geographen und Soziologen. Sie ahnen es schon: Wenn Wissenschaftler aufeinandertreffen, wird so manche Theorie entworfen, andere werden verworfen. In den Naturwissenschaften hat die Lehre von der kausalen Vorbestimmtheit alles Geschehens, dem Determinismus, eine besondere Rolle gespielt. Vom Descartschen Determinismus (René Descartes, 1596–1650) war das naturwissenschaftliche Weltbild vieler Wissenschaftler lange Zeit unerschütterlich bestimmt. Und genau an dieser Stelle begab man sich in eine Sackgasse, was jedoch erst »Quantentheorie« und »Chaostheorie« zutage förderten. Doch bevor im 20. Jahrhundert diese neuen Denkmodelle entstanden, die die unterstellte Allgemeingültigkeit des Determinismus auf ein gesundes Maß reduzierten, wollten sich viele nicht daran gewöhnen, daß die Geschlossenheit ihres mechanistisch anmutenden Weltbildes auf tönernen Füßen stand. Das gilt erst recht für die Meteorologie. Objektiv und »wissenschaftlich« war schließlich alles, was in dieser Phase entstand. So zum Beispiel die Arbeiten des amerikanischen Geographen Ellsworth Huntington (1876–1947). Er vertrat die Meinung, optimale klimatische Bedingungen seien für die wirtschaftliche Leistung und die Gesundheit einer Gesellschaft verantwortlich. Zu erwähnen ist an dieser Stelle auch der Mediziner und Psychologe Willy Hellpach (1877–1955), der in »Die geophysischen Erscheinungen« von 1911 die nördliche und südliche Hemisphäre in Lebensräume herber, kühler und gelassener Menschen bzw. lebhafter, erregbarer und triebhafter Menschen unterschied.

Alle Ansätze aber einte eine Schwäche, und die lag in der schablonenhaften Sicht des Determinismus. Er blendete den selbstbestimmten menschlichen Handlungsspielraum oder die Geschichte als Ergebnis menschlicher Aktionen einfach aus. Der Mensch wird zum Spielball des Klimasystems. Er muß sich den Naturgesetzen unterwerfen.

Die Lehre vom Klimadeterminismus, in der nicht nach Wechselwirkungen zwischen sozialen, psychologischen und religiösen Einflüssen und dem Klima einer Region gefragt wurde, kam erst Mitte des 20. Jahrhunderts zu einem jähen Ende. Dazu mag auch die Diskreditierung dieses ja nicht per se unanständigen Forschungszweiges im Nationalsozialismus beigetragen haben, der seine perversen Rassentheorien hier einfließen ließ. Von nun an wurde in den sozial-, geo- und religionswissenschaftlichen Fakultäten über Teilaspekte dieses einst so einflußreichen Paradigmas diskutiert.

WETTERPROPHETIE

Planetenwetter

Die Abhängigkeit vom Wetter war den Menschen schon sehr früh bewußt. Kein Wunder, daß sie alles daransetzten, Sturm, Regen und Hitze vorauszusagen. Erste Versuche sind schon aus dem Zwischenstromland um 6000 v.Chr. bekannt, zum Beispiel die uns auf Tontäfelchen überlieferte Regel: Wenn eine Wolke dunkelt, regnet es bald. Einen späteren Versuch unternahm u.a. der griechische Philosoph Aristoteles. Er war der Meinung, die Winde entstünden, weil die Erde ausatme. Zudem hatte er den Eindruck, daß es von Westen her kälter blase, da dort die Sonne untergeht.

Daneben kamen auch einige astrologische Vorstellungen mit einem geozentrischen Weltbild ins Spiel: Alles außerhalb der Erde war auf die Planeten bezogen und für die Erde da. Dieses aus der Antike übernommene griechisch-ägyptische Weltsystem des

52 Claudius Ptolemäus von Alexandrien galt bis dahin als das allein richtige: Die Erde stand fest im gemeinsamen Mittelpunkt von sieben Kreisen. Geordnet nach ihren Umlaufzeiten fanden sich dort Mond, Merkur, Venus, Sonne, Mars, Jupiter und Saturn, der der oberste war.

Bis zum Beginn des 16. Jahrhunderts war man sogar der festen Überzeugung, daß die sieben damals bekannten Planeten eine Art Wetterregentschaft ausübten und über das Wetter auf der Erde entschieden. Die Herrschaft eines Planeten dauerte ein volles Jahr und begann am 21. März eines Jahres. Saturn war beispielsweise für kalte und feuchte Wetterlagen verantwortlich. Merkur war kalt und trocken, während die Sonne natürlich für die Wärme stand. Die einzelnen Wetterlagen konnten dementsprechend abgeleitet werden.

Vom Beobachten zum Messen

Eine echte Wetterprognose erhält man aber nicht dadurch, daß man vor die Tür tritt, einige Messungen anstellt und das Walten der Elemente als Stimmungsbild festhält. Nach zahlreichen und aufwendigen Erfindungen waren schließlich immer genauere Meßinstrumente in der Lage, verschiedene Wetterausprägungen mit großer Sorgfalt zu dokumentieren, was dann zu zuverlässigen Aus- und Vorhersagen führte.

Erst Mitte des 17. Jahrhunderts, mit der Erfindung des Quecksilberbarometers durch Evangelista Torricelli (1643) und des Thermometers durch Galileo Galilei (ca. 1593), begann das Zeitalter des objektiven Messens und Beobachtens. Lange Zeit hat es gedauert, bis sich dabei eine halbwegs einheitliche Meßskala auf der ganzen Welt durchgesetzt hat. Noch zu Torricellis Zeiten konnte man unter 35 Skalen wählen. Die Temperaturangabe nach Fahrenheit

54 ist die älteste, die noch heute – beispielsweise in Nordamerika – verwendet wird. Wo kommt dieser merkwürdige Begriff eigentlich her?

Wie so oft steht ganz einfach nur ein Name dahinter: Gabriel Daniel Fahrenheit (1686–1736). Er war Physiker und offensichtlich ein Freund des Weines. Wie sonst hätte er 1709 das erste mit Weingeist gefüllte Thermometer erfinden können? Als Nullpunkt wählte er die Temperatur einer Mischung aus Wasser, Eis und Salmiak – das kälteste Kunstwetter, das sich zu seiner Zeit unter Laborbedingungen erzeugen ließ. Und so kommen wir auf die für uns Europäer so schwer nachvollziehbare Skalierung: 32°F entsprechen dann nämlich 0°C, und bei 212°F kocht Wasser.

Was aber bedeudet »Celsius«? Auch dahinter verbirgt sich ein Name: Anders Celsius (1701–1744) definierte 1742 eine hundertteilige Temperaturskala, die den Nullpunkt am Siedepunkt des Wassers und den Ge-

frierpunkt mit 100 Grad festlegte. Erst der Botaniker
Carl von Linne kehrte diese ursprüngliche Skala später in die uns bekannte Celsius-Thermometerskala
um. In der Wissenschaft aber wird keine der beiden
Skalen verwendet. Dort orientiert man sich ausschließlich an der Kelvin-Skala, benannt nach einem
britischen Physiker namens Baron William Thomson
Kelvin of Largs (1824–1907), die mit 273,15°C den
absoluten Nullpunkt ausweist.

Poetische Meteorologie

In den »Tag- und Jahresheften« von Johann Wolfgang
von Goethe finden sich bis ins Jahr 1822 viele Auf-
zeichnungen, aus denen seine intensive Betätigung
als Wetterforscher hervorgeht. »Meteorologie ward
fleißig betrieben«, heißt es da. Eine meteorologisch-
poetische Arbeit behandelt sowohl das »aufsteigende
wie niedersteigende Spiel« der Wolken. Die Wolken-

und Luftbewegungen interpretiert Goethe dabei als das Pulsieren der Erde. Er vermutet, daß die Schwerkraft der Erde Bewegungen verursacht, die für die Wetterbildung verantwortlich sind. So richtig weit hatte er sich damit noch nicht von der Sicht des Aristoteles entfernt.

Wo wird gemessen?

Aber auch die Skala ist in der Meteorologie nicht alles. Wichtig ist zudem, wo gemessen wird. Der im Wetterbericht genannte Temperaturwert wird nämlich in zwei Metern Abstand vom Boden am trockenen Thermometer gemessen. Zur Messung des Taupunktes wird ein Thermometer ganz einfach mit einem angefeuchteten Baumwollstrümpfchen überzogen. Wichtig dabei ist, daß das Thermometer immer in einem konstanten Luftstrom stehen muß, der meist mit einem Ventilator erzeugt wird. Aus der

Temperaturdifferenz beider Anzeigen läßt sich der Anteil von Wasser in der Luft berechnen.

Erinnern wir uns an die Definition für Luftfeuchte: Die Luftfeuchte ist ein Maß für die Menge an Wasserdampf (also gasförmigem Wasser) in der Atmosphäre. Die Menge an Wasserdampf, den die Atmosphäre maximal (also bei Sättigung mit Wasserdampf) aufnehmen kann, hängt von der Temperatur ab.

Warme Luft speichert mehr Wasserdampf als kalte. Wer sein Brillenglas zum schnellen Putzen anhaucht, nutzt diesen Effekt. Die warme, mit Wasserdampf stark angereicherte Atemluft kühlt sich am Brillenglas etwas ab, dabei kondensiert der Dampf. Das funktioniert bei kaltem Wetter erheblich besser als bei warmem.

Neben den wichtigen Werten Temperatur, Luftdruck und -feuchte oder der Windstärke und -richtung gibt

58 es noch zahlreiche andere Eigenschaften, die heute ebenso präzise wie automatisch bestimmt werden. Zum Beispiel die Sonnenscheindauer, für die früher im Sonnenscheinautographen (Sunshine Recorder) der Herren John Francis Campbell (1821–1885) und George Gabriel Stokes (1819–1903) eine Schusterkugel Löcher in einen dahinterliegenden Papierstreifen brannte. Die Länge der Löcher ergab die Sonnenscheindauer. Einfach und zweckmäßig.

Ein weltweites Wetterbeobachtungsnetz entsteht

Ein wichtiger Fortschritt in der Meteorologie war die Erkenntnis, daß Beobachtungen an einem Ort nicht ausreichen, um die Wettervorgänge begreifen zu können. So begann man schon in der zweiten Hälfte des 17. Jahrhunderts damit, Temperaturen und Luftdruck an mehreren Orten gleichzeitig zu messen und miteinander zu vergleichen. 1780 wurde deshalb das erste weltweite Wetterbeobachtungsnetz durch die Pfälzische Meteorologische Gesellschaft gegründet. Für die 39 Stationen dieses Netzes gab es dann auch eine einheitliche Anleitung zur Beobachtung des Wetters. Die so gewonnenen Daten wurden in der Mannheimer Zentrale gesammelt, ausgewertet und publiziert.

Der Telegraf erleichtert die Datenvernetzung

Nach 15 Jahren zerbrach dieses bedeutende wissenschaftliche Unternehmen in den Wirren der Französischen Revolution. Immerhin waren bis dahin wertvolle Erkenntnisse über Wetter und Klima gesammelt worden. Allein eine brauchbare Wettervorhersage war immer noch nicht möglich. Dazu fehlte noch eine wichtige technische Erfindung: der Telegraf. Durch seine Verbreitung in der zweiten Hälfte des 19. Jahrhunderts wurde der rasche Austausch von

60   Wetterdaten über Gebiets- und Ländergrenzen hinaus möglich. Meteorologen vieler Länder waren nun in der Lage, direkt und zeitnah zusammenzuarbeiten.

In der ersten Hälfte des 20. Jahrhunderts nahm die Wetterforschung weiteren Aufschwung durch die Arbeiten von Forschern wie dem Norweger Vilhelm Bjerknes (1862–1951), der maßgeblich an der Aufklärung der inneren Struktur von Stürmen beteiligt war, und dem Schweden Carl Gustav Rossby (1898–1957), der die Instabilität des Wetters in den mittleren Breiten erklärte. Der britische Mathematiker Lewis Fry Richardson (1881–1953) machte sich während des Ersten Weltkrieges daran, den Globus in Tausende von Planquadraten zu unterteilen, die er durch ausgetüftelte Formeln miteinander verband. Das erste Wettervorhersagemodell war geboren. Mit Stift und Papier benötigte er allerdings bis zu drei Monate für eine 24stündige Vorhersage. Dieses Rechenproblem wurde erst vom Amerikaner John Louis von Neumann (1903–1957) gelöst, der nach dem Zweiten Weltkrieg die Möglichkeiten der elektronischen Datenverarbeitung für die Wettervorhersage erkannte und die ersten Ansätze auf den neu entwikkelten Computern implementierte.

Ein wichtiger Schritt. Zur Lösung der komplexen Vorhersageprobleme mußte man die Atmosphäre der Erde schließlich als einen zusammenhängenden Organismus betrachten, dessen großräumige Vorgänge eine ständige und vollständige Überwachung erfordern. So entstand auch sehr bald der großartige Plan einer Weltwetterwacht (World Weather Watch), der seit 1967 verfolgt und ausgebaut wird. Ein Netzwerk, das aus über 10.000 Bodenstationen, mehr als 700 aerologischen Stationen sowie aus Flugzeug-, Schiffs- und Satellitenbeobachtungen besteht.

KLIMA MACHT GESCHICHTE

Zurück zum deterministischen Denken!

Der Fachjournalist David Keys hat die Theorie einer weltweiten Klimakatastrophe, die das Ende der antiken Welt brachte und die geopolitischen Fundamente unserer modernen Welt legte, in seinem 1999 veröffentlichten Buch »Catastrophe« eindrucksvoll beschrieben. Eine Untersuchung, die allerdings recht deterministisch daherkommt. Wissenschaftler stuften einzelne Aussagen und Schlußfolgerungen dieses Werks als nicht ausreichend belegt ein. Keine Renaissance, aber doch eine Art Wiederauferstehung des beerdigten Konzepts des Determinismus in der Klimafolgenforschung.

Was ist eine Naturkatastrophe?

Keys Untersuchungen legen den Schluß nahe, daß die Veränderungen der damaligen Zeit nahezu ausschließlich von Naturkatastrophen verursacht wurden – wobei man sich freilich auch zu fragen hat, was eine »Naturkatastrophe« eigentlich ist. Historiker, Geographen, Geologen und Archäologen tun sich bei einer einheitlichen Definition interessanterweise recht schwer. Sie sind bemüht, eine Katastrophen-Theorie zu formulieren, die die zahlreichen Faktoren solcher Ereignisse sinnvoll und nachvollziehbar zusammenfaßt.

Der Althistoriker Gerhard Waldherr schlägt folgende Kriterien vor, nachzulesen im Sammelband »Naturkatastrophen in der antiken Welt« (Geographica Historica 10) von 1998:

»1. Naturfaktoren, die für den Menschen in ihrer augenblicklichen Form nicht zu beherrschen sind,

2. ein abruptes Hereinbrechen dieser Naturphänomene über menschliche Systeme und

3. eine dadurch entstehende existenzielle Bedrohung dieser Systeme sowie

4. das Einsetzen eines Wirkungsmechanismus zwischen Naturfaktoren und menschlichen Systemen.«

Für den wetter- und klimainteressierten Leser sind sowohl Keys als auch Waldherrs Überlegungen gleichermaßen aufschlußreich, so daß wir geneigt sind, beide Gedankenstränge in den weiteren Verlauf des Buches einzubeziehen, ohne uns auf eine Theorie festzulegen. Der Leser soll gleichwohl einen Eindruck davon bekommen, was Klima- und Wetteränderungen aus der geschichtlichen Perspektive bedeuten können und wie die »menschlichen Systeme« ihnen – bisweilen mit weltgeschichtlichen Folgen – unterworfen sind.

Globale Klimaveränderungen

Um 535/536 nach Christi Geburt kam es zu einer der größten Naturkatastrophen aller Zeiten. Wahrschein-

lich durch einen Vulkanausbruch, möglicherweise sogar einen Asteroideneinschlag, waren Sonnenlicht
und Sonnenwärme achtzehn Monate lang wie ausge-
löscht. Das sorgte auf allen Kontinenten für dramatische Klimaschwankungen, führte zu Hungersnöten,
Völkerwanderungen, Kriegen und zog vermutlich
bedeutende gesellschaftlich-soziale Veränderungen
nach sich. Historiker und Geographen halten sich
bekanntlich mit vorschnellen und ungeprüften Äuße-
rungen zurück, doch ist kaum anzunehmen, daß die
Ausmaße der Naturkatastrophe von 535 nur geringe
Folgen für Mensch und Natur hatte.

Die Sonne leuchtete wie ein schwacher Schatten

Der oströmische Historiker Prokop von Kaisareia
beschrieb im 6. Jahrhundert das Erscheinungsbild
der Sonne um genau diese Zeit: »Die Sonne spende-
te das ganze Jahr hindurch ihr Licht, ohne zu leuch-

ten, wie der Mond, und es ward immer mehr wie eine Sonnenfinsternis, denn ihre Strahlen waren nicht hell und nicht so wie jene, die sie sonst aussandte.« Johannes von Ephesos, Geschichtsschreiber, Bischof und Zeitgenosse Prokops, sprach gar von einer 18 Monde währenden Verdunklung der Sonne: »Einen jeglichen Tag schien sie während vierer Stunden, und doch war ihr Licht nichts als ein fahler Schatten.« David Keys hat dazu in seinem Buch sorgfältig recherchiert und noch einige andere übereinstimmende Quellen zusammengetragen, die allesamt das Phänomen der »Dunklen Sonne« über einen längeren Zeitraum beschreiben. Mal leuchtete die Sonne wie ein schwacher Schatten, mal war sie trübe und dunkel, mal matt wie der Mond. Nicht nur das Sonnenlicht schien schwächer geworden zu sein, sondern auch die Sonnenwärme.

Britannien erlebte in der Zeit von 535 bis 555 das schlimmste Wetter des Jahrhunderts. In Mesopotamien gab es heftige Schneefälle. In Arabien brach eine Hungersnot aus, darauf folgte eine Überschwemmung. In China kam es 536 zu einer Dürre und darauf folgend auch zu einer Hungersnot. Für Korea waren die Jahre 535 und 536 gar die schlimmsten des Jahrhunderts. Das Land erlebte nach gewaltigen Unwettern und Überschwemmungen eine katastrophale Zeit der Trockenheit. Auf dem amerikanischen Kontinent spielte sich Ähnliches ab. Die Analyse von Baumringen hat unlängst ergeben, daß dort manche Bäume in den Jahren 536 und 542–543 praktisch aufhörten zu wachsen. In Skandinavien und Westeuropa zeigen Baumringuntersuchungen das gleiche Bild.

Was war geschehen?

Die Verdunkelung der Sonne wurde wohl durch eine Verschmutzung der Atmosphäre verursacht. Die weltweit nahezu gleichzeitig aufgetretenen Klimaver-

änderungen lassen auf ein globales Ereignis schließen. Es handelte sich wohl um eine gigantische Explosion oder Eruption, bei der Millionen Tonnen
Staub in die Atmosphäre geschleudert wurden: Der
Einschlag eines großen Himmelskörpers oder ein
Vulkanausbruch. Keys hält einen Vulkanausbruch für
plausibler und untermauert seine These mit einer Erkenntnis, die nachvollziehbar erscheint. Dabei können wir erstmals unser soeben erworbenes Wetter-
wissen einsetzen. Sie erinnern sich an meine Erklä-
rungen zu der Entstehung von Hoch- und
Tiefdruckzonen auf unserem Erdball und dem »Höhentief« am Äquator sowie dem »Hoch« an den beiden Polen? Davon soll nun wieder die Rede sein.

Schwefelsäure im Eis

Knapp 500 Meter tief unter grönländischem und ant-
arktischem Eis begraben befindet sich eine Schicht

70 Schwefelsäure vulkanischen Ursprungs, die wahrscheinlich mit den Ereignissen der Jahre 535 und 536 zu tun hat. Herausgefunden haben das Forscher aus Dänemark, Schweden und den Vereinigten Staaten, die mit Hilfe eines gigantischen Bohrers rund 2,5 Kilometer tiefe Eiskernproben entnehmen konnten. Nicht an einem Stück. Nein, diese Proben sind unterteilt in Stücke von rund zwei Metern und geben einen recht guten Einblick über die Niederschlagsmengen (die Schneeschichten) der Vergangenheit. Das Eiskernmaterial ließ in unserem Fall erkennen, daß mindestens vier Jahre lang säurehaltiger Schnee auf die Antarktis niedergegangen war. Eiskernproben aus dieser Tiefe sind zwar nicht ganz exakt datierbar. Man kann lediglich feststellen, daß diese vierjährige Phase zwischen 490 und 540 anzusetzen ist. Die nächstliegenden Säureschichten sind aber so weit entfernt (231–281 und 614–664), daß der von David Keys gesuchte Vulkanausbruch zweifelsfrei stattgefunden haben dürfte.

Ein Vulkan in den Tropen war schuld

Mit Hilfe unserer spärlichen meteorologischen Kenntnisse sind wir jetzt sogar in der Lage, den Ausbruch zu lokalisieren. Wenigstens grob. Die Tatsache, daß der Vulkanausbruch seinen Niederschlag an beiden Polen gefunden hat, deutet darauf hin, daß das Ereignis in den Tropen stattgefunden haben kann. Der schwefelsäurehaltige Schnee muß von zwei unabhängigen Windsystemen an die entgegengesetzten Enden der Welt transportiert worden sein. Zwei Windsysteme, die zudem in großer Höhe der beiden Hemisphären wirken.

Der Einfluß auf die Weltgeschichte

Ich habe es weiter oben schon erwähnt: Die ausgelösten klimatischen Veränderungen haben die Bedingungen für den Verlauf einiger Etappen der Weltge-

schichte in den darauf folgenden 100 Jahren maßgeblich beeinflußt. Ob sie allerdings für alle in diesen
Zeitraum fallenden geschichtlichen Ereignisse verantwortlich sind, mag man bezweifeln. Auch David
Keys gelingt es nur für einige der Entwicklungen, die
nach dieser »Naturkatastrophe« stattfanden, schlüssi-
ge Belege zu liefern.

So zeigt er in seiner Untersuchung beispielsweise auf,
wie die Klimakatastrophe durch Dürren, Hungersnöte und ihre epidemiologischen Nachwirkungen das
Oströmische Reich zur Hälfte zerstörte, indem sie
Horden von zentralasiatischen Barbaren veranlaßte,
gegen seine nördlichen Grenzen zu ziehen und die
Araber zwang, Druck auf die Südflanke des Imperi-
ums auszuüben. Ob aber die Katastrophe auch für
die Ausdehnungswellen des Islam nach Europa mit-
verantwortlich war, kann auch er nicht schlüssig be-
legen.

In der Neuen Welt wiederum, und das ist gesichert, verursachte die Klimakatastrophe einen vom Hunger getriebenen Volksaufstand, der die größte aller alten amerikanischen Kulturen zerstörte: das mexikanische Reich von Teotihuacan.

WETTER

MACHT

GESCHICHTE

TEUTOBURGER WALD 9 N. CHR.:

»RÖMER IM REGEN«

Hinter den Bergen …

Das Ende der Welt lag in der Zeit um Christi Geburt in Germanien, weil der »Furor Teutonicus« – hier wies das römische Germanenbild sicherlich auch propagandistische Züge auf – als das Dunkelste und Geheimnisvollste in den Köpfen der Römer spukte. Der Grund hierfür war einfach: Der große Gegensatz zwischen der hochzivilisierten antiken Welt und den prähistorischen Zuständen der freien Germanen rief auf römischer Seite so manche mythenbehaftete Vermutung hervor. Nach der Einrichtung der Provinz Gallien und der sich daraus ergebenden Grenznachbarschaft waren die Römer schließlich gezwungen, sich näher mit ihnen zu beschäftigen.

Publius Cornelius Tacitus beschrieb die Germanen in »De origine et situ germanorum«, entstanden um 98 n. Chr. Dabei darf nicht vergessen werden, daß

Tacitus für römische Leser schrieb, den gefährlichen Nachbarn im Norden also sicher auch mit mancher Übertreibung und propagandistischer Spitze ins Licht setzte und nicht wenige Fehleinschätzungen hervorbrachte.

So lebten dort, im Bewußtsein vieler Römer, schreckliche Riesen mit Weibern und Kindern, Büffelhörner oder halbe Auerochsschädel über den Kopf gestülpt, Keulen von urzeitlichem Ausmaß und Speere wie Bäume in den Händen, im Kampf brüllend wie Stiere, angefeuert von ihren Frauen, die ihnen bei Gefahr bis in die vordersten Linien folgten.

Und der Norden und Westen Germaniens waren im ersten Jahrzehnt nach Christi Geburt die »blutigen Gründe«, da die Germanen dort noch Züge des indogermanischen Urvolks aufwiesen. Im Süden sah es hingegen ganz anders aus. Im heutigen Bayern und Schwaben siedelten römische Kaufleute. Sie hatten dort Handelsniederlassungen gegründet und langsam römische Kultur einsickern lassen.

Echte Kerle

Das Leben im Norden war rauher, entbehrungsreicher und noch nicht von der römischen Kultur beeinflußt. Man aß immer noch aus Steingutschüsseln und von Holzbrettern und wohnte in Dörfern inmitten riesiger Wälder.

Unsere Vorfahren waren Faulenzer von Format, wenn wir denjenigen Geschichtsschreibern Glauben schenken wollen – unter ihnen Tacitus –, die uns von den Sitten und Gewohnheiten der Germanen berichten: Wenn sie nicht Krieg führten, standen sie erst am späten Vormittag auf.

80   Dann wurde gebadet. Sie badeten oft und im Winter warm – wie die Römer! Schwimmen gehörte zur Grundausbildung, die sowohl in sportlichen Wettkämpfen wie auch bei kriegerischen Auseinandersetzungen zum Einsatz kam. Nach einer ausgiebigen Brotzeit beschäftigten sie sich mit ihren Waffen. Am Nachmittag war es Zeit für einen Dämmerschoppen. Oder wie Tacitus schrieb: »Dem Durst gegenüber beachten sie nicht die sonstige Mäßigkeit.«

Die Trunksucht und die Spielsucht waren damals wie heute dunkle Kapitel, Rom sollte diese bittere Erfahrung in seiner dekadenten Spätzeit leidvoll erfahren. Badekultur – Waffenkunst – Trinkkultur: Die Eckpfeiler antiker römischer Kultur, nämlich Lebensart und Kriegsgeschick, wurden im Falle der Barbaren einfach ins Gegenteil verkehrt.

Thor macht Gewitter

Die Religion hatte sowohl bei den Römern als auch bei den Germanen eine große Bedeutung. Über die römische Religion wissen wir ungleich mehr, z.b. über den Kaiserkult, und schon zuvor, in der römischen Republik, über den Privatkult des Bürgers, der sich auf die zahlreichen Gottheiten für den »täglichen Gebrauch« stützte.

Bei den Germanen begegnet uns die enge Verbundenheit von Königtum, Gottheit und Heldentum, wobei sich Sippen bunt gemischt aus Kriegsgöttern und Königshelden zusammensetzen. Das kennen wir aus den Götter- und Heldenliedern der altisländischen »Edda«, die über germanische Dichtung und Mythologie Auskunft gibt und auch einen kleinen Einblick über germanisches Wetterverständnis erlaubt: So war Walhall die Totenhalle des Zeus der Germanen: Hier wohnte Wotan (auch Odin genannt).

Ein hünenhafter Kerl mit schwarzer Binde über einem Auge und zwei Raben auf der Schulter. Trinkend, singend und essend saß er mit den toten germanischen Helden in Walhall, wohin er die gefallenen Krieger berief. Es muß ihm herrlich geschmeckt haben, denn die Germanen sagten, er säße beim »nie endenden Schweinebraten«. Wotans Gemahlin war Frigga, die ihm den Sohn Thor gebar. Thor, der gewaltige Donnerer. Er war Herr über Blitz und Donner. Mit seinem mächtigen Hammer Möllnar schleuderte er Blitze gegen seine Feinde. Das kennen wir aus Richard Wagners »Der Ring des Nibelungen«. Im »Rheingold« läßt Wagner, der aus Edda und Nibelungenlied schöpfte, den Gott Donner heftig Wetter machen:

»*Donner*
(auf den Hintergrund deutend, der noch in Nebel gehüllt ist) Schwüles Gedünst schwebt in der Luft; lästig ist mir der trübe Druck! Das bleiche Gewölk samml' ich zu blitzendem Wetter, das fegt den Him-

mel mir hell. (Er besteigt einen hohen Felsstein am Talabhange und schwingt dort seinen Hammer; Nebel ziehen sich um ihn zusammen.)«

Auch der Kriegsgott Ziu war ein Sohn Wotans. Allerdings hatte der mit dem Wetter weniger zu tun. Ein Mann, der ohne Ressentiment die Feinde tötete, sozusagen sportlich. Wenn er nicht gerade beruflich unterwegs war, lag er auf der Bärenhaut und schlief. Das waren Männer!

Arminius der Patriot

Anders als die Römer wußten die führenden Köpfe aus Germanien genau, wer und was Rom war. Denn es gab viele, die dort jahrelang als Geiseln gelebt oder in der römischen Legion gedient hatten. Sie kamen, wenn sie in Rom ausgedient und sich in Gallien, in Afrika oder auch in Kleinasien herumgeschlagen

84 hatten, hochdekoriert und mit reichlicher römischer Bordellerfahrung nach Hause in ihre Siedlungen an der Weser, der Lahn oder der Ruhr. Unter ihnen der Jüngling, der fast Roms Schicksal geworden wäre. Ein Sohn aus vornehmem Hause: Der Cheruskerfürst Arminius (19 v. Chr.–19 n. Chr.), römischer Leutnant. Viel ist nicht von ihm bekannt. Als hochrangiger Aristokrat hatte er einige Jahre lang römische Tribune begleitet und bei mehreren römischen Feldzügen seinen soldatischen Wert und seine Intelligenz unter Beweis gestellt, so daß er mit römischem Bürgerrecht und Ritterwürde für seine Leistungen ausgezeichnet und zum römischen Präfekten ernannt wurde und zu Pferde reiten durfte.

In seinem Herzen aber war Arminius ein Patriot geblieben, der zudem ein gefährliches Doppelspiel betrieb. Scheinbar bewunderte er alles Römische, insgeheim aber plante er die Einigung der germanischen Stämme im Haß gegen Rom. Zu lange hatte er mit

ansehen müssen, welches Elend die Römer seinem
Volk über die Jahre zugefügt hatten. Er war Mitte
zwanzig, als er heimkehrte und das Werk begann, von
dem die Römer nichts ahnten.

Varus die Hofschranze

Eine einzige Fehlentscheidung des römischen Senats,
die falsche Besetzung des Statthalterpostens am
Rhein mit einem Höfling namens Publius Quintilius
Varus, beschleunigte die von Arminius angestrebte
Entwicklung.

Varus, ein Enkel des Mark Anton, war Prokonsul in
Afrika und Legat in Syrien gewesen und hatte seine
Kenntnisse auf dem Gebiet der Militärstrategie bei
seinen Untergebenen aufgeschnappt. Er war jedoch
mehr an müßiges Lagerleben gewöhnt als an den
Felddienst und ein schlechtes Vorbild für seine Sol-

daten. Nicht eine der von ihm geführten Legionen machte regelmäßige militärische Übungen. Statt dessen stahlen sie Vieh von den Weiden, entführten germanische Frauen und trieben Geld bei den unterworfenen germanischen Stämme der Umgegend ein.

Im Herbst des Jahres 9 n. Chr., als es für die römischen Legionen an der Zeit war, aus ihrem Sommerlager an der Weser in ihr Winterlager an der Lippe zurückzukehren, war es soweit. Arminius, der einen cheruskischen Hilfstrupp befehligte, führte die 20.000 schwer bewaffneten Männer des Varus samt Wagentroß in einen Hinterhalt.

Römer im Regen

Inzwischen hatte es heftig zu regnen und zu stürmen begonnen – irgendwo am Kalkrieser Berg zwischen Bramsche und Ostercappeln. Dort wurden jedenfalls

88 römische Militaria und Alltagsgegenstände archäologisch gesichert. Die mächtige römische Kolonne zog sich immer weiter auseinander. Der Erdboden im dichtbewachsenen Teutoburger Wald mit seinen Baumwurzeln und umgestürzten Baumstämmen war rutschig und glatt geworden.

Das Vorwärtskommen wurde zunehmend schwieriger. Baumkronen brachen unter der Last des Wassers und drohten herabzustürzen. Ein Hagelschauer brach los. Die lederbespannten Schilde der Legionäre sogen sich voll Wasser und wurden bald so naß und schwer, daß die Soldaten sie entkräftet sinken ließen. Pferde gerieten in Panik und warfen ihre Reiter ab. Ein allgemeines Durcheinander entstand in den römischen Reihen.

Während die Römer das Unwetter als Drohung ihrer Götter verstanden, stellte sich die Situation für die vereint im Hinterhalt der Dören-Schlucht liegenden

Germanen ganz anders dar. Für sie verhieß der Donner Thors göttliche Unterstützung. Er war zugleich das Angriffssignal für die zahlenmäßig unterlegenen Barbaren.

Die über den Waldpfad verstreuten Römer konnten nicht ihre gewohnten Kampfformationen einnehmen. Da sie für die offene Feldschlacht ausgebildet waren, trugen sie schwere Speere und das kurze spanische Schwert, mit dem sie ihre Feinde niederzumetzeln pflegten. Aber im deutschen Wald verfingen sie sich im Gewirr der Äste und Wurzeln. Die Sehnen ihrer Bogen waren naß, die vollgesogenen Schilde unbrauchbar. Der glitschige Schlamm des Waldbodens ließ nur den Nahkampf zu, in dem die Streitäxte der Barbaren die Oberhand behielten.

Die Schlacht war vollkommen außer Kontrolle geraten. Sie geriet zum Massaker. Varus' Männer wurden zu Tausenden erschlagen. Ihre Köpfe ließ Arminius an die Bäume nageln. Eine wirkungsvolle Botschaft, die ihren Eindruck auf Rom nicht verfehlte. Varus beging Selbstmord. Es war die größte Niederlage der Römer seit hundert Jahren.

Wenn es nicht geregnet hätte ...

Das große germanische Reich kam nie zustande. Dennoch wurde die Schlacht im Teutoburger Wald ein weltgeschichtliches Ereignis: Das römische Imperium bestand noch 500 Jahre, doch nie wieder stießen Römer auf germanisches Gebiet vor. Mitteleuropa entging so der Romanisierung.

Ohne den Regen hätte die europäische Geschichte sich vermutlich anders entwickelt: Das Römische Reich wäre vielleicht vor dem Untergang bewahrt worden. Die Ausbreitung des Christentums hätte womöglich eine völlig andere Entwicklung genommen. Christus wäre vielleicht ohne bleibendes Vermächtnis an einem in Vergessenheit geratenen Kreuz gestorben. Die englische Sprache vermutlich nicht entstanden. Die Reformation weder notwendig noch möglich gewesen. Die Ausbreitung der romanischen Sprachen hätte sicherlich die tatsächliche Sprachentwicklung durchkreuzt, Deutschland hieße Alamannia und Frankreich Gallia. Brittania wäre niemals England geworden. Und die Pilgerväter hätten eine südländische Kultur in die Neue Welt getragen. Soviel zur »ungeschehenen« oder »virtuellen« Geschichte. Nicht unumstritten, aber durchaus bedenkenswert. Dem interessierten Leser seien an dieser Stelle die weiterführenden Werke »Ungeschehene Geschichte« von Alexander Demandt und »Was wäre gewesen, wenn« von Richard Cowley empfohlen. Spannend und aufschlußreich.

SPANISCH-ENGLISCHER SEEKRIEG 1588:

»DAS STÜRMISCHE ENDE DER ARMADA«

Ein mißtrauischer und akribischer Herrscher

Philipp II. (1527–1598), der Sohn Karls V., war als König von Spanien und Portugal der mächtigste Herrscher in Europa – der letzte Repräsentant spanischer Weltmachtstellung. Seit 1561 regierte er von Madrid aus sein Reich: Spanien, die spanischen Niederlande, Burgund, Mailand und Neapel; seit 1580 die erzwungene Personalunion von Spanien und Portugal.

Die Mutter Philipps II., Elisabeth von Portugal, stirbt, als der Prinz 12 Jahre alt ist. Ausgebildet und erzogen wird er von Lehrern, die sein Vater ausgewählt hat, und nicht zuletzt von den berühmten »Instrucciones«, den dickleibigen, mehrmals aktualisierten Handbüchern, mit denen Karl V. seinen Sohn in der Kunst des Regierens unterweist. Die »Instrucciones« enthalten den Kern des Regierungsprogramms, dem der gehorsame Sohn ein Leben lang folgt: Bera-

94 ter auszuwählen, aber niemandem ganz zu vertrauen; Meinung und Gegenmeinung abzuwägen, doch nach gewissenhafter Prüfung allein zu entscheiden. Wie andere Machthaber auch hat Philipp das Bedürfnis, Politik und Krieg nicht nur im großen, sondern bis ins kleinste Detail persönlich zu kontrollieren. Statt Entscheidungen zu delegieren und seinen Kommandeuren so die Möglichkeit einzuräumen, flexibel auf die bekanntlich stets unvorhersehbare Entwicklung vor Ort zu reagieren, unterwirft Philipp sie am Schreibtisch ausgearbeiteten, starren Operationsplänen und versucht, sie am kurzen Zügel zu führen.

England muß befreit werden

Der König regiert die dreißig Millionen Quadratkilometer seines Reiches zweiundvierzig Jahre lang, von 1556 bis zu seinem Tod. In dieser Zeit gibt es nur anfangs längere Phasen ohne Krieg. Erst seit 1566,

dem Beginn des Aufstands in den spanischen Niederlanden, gibt es für Philipp kaum noch Verschnauf-
pausen. Mit englischer Unterstützung bieten ihm
dort die Provinzen Holland und Zeeland die Stirn.
Als nun auch noch englische Schiffe unter dem Kommando von Francis Drake in die spanisch dominier-
te Karibik eindringen und den Spaniern dort durch
Piraterie empfindliche Einbußen zufügen, faßt Philipp den Plan zur Eroberung Englands.

Im März 1586 gewinnt der »Armada-Gedanke« erste
Gestalt: Mindestens 150 Kampfgaleeren, 55.000
Mann Infanterie und 4.000 Artilleristen müssen her,
um gegen die Engländer gerüstet zu sein. Ein kost-
spieliges Vorhaben in geschätzter Höhe von 4 Millionen Dukaten, das von Spanien, Portugal, Mailand,
Neapel und Sizilien mitzutragen ist.

96 Sir Francis Drake schlägt zu

Wälder werden alsbald hektarweise gerodet, Metalle zentnerweise eingeschmolzen und gegossen. Ein nicht gerade unauffälliges Verhalten der Spanier, das aber von nahezu jedermann für die Vorbereitung eines Großunternehmens gegen die bereits erwähnten aufständischen Niederlande gehalten wird. Doch die Engländer sind skeptisch und schicken den altbewährten Sir Francis Drake im Frühjahr 1587 auf Erkundungsfahrt gen Spanien.

Einmal Pirat, immer Pirat: Aus der geplanten Erkundungsreise wird ein Raubzug großen Stils. Drake dringt in den Hafen von Cadiz ein, versenkt achtzehn der dort verankerten Schiffe und nimmt weitere sechs, die schon fahrbereit mit Geschützen und Munition beladen sind, als willkommene Beute mit. Anschließend zieht er plündernd die Algarvenküste entlang, fängt spanische Nachrichtenboote ab, wirft de-

ren Besatzung einfach ins Meer, kapert schließlich
den größten Ostindienfahrer von Portugal mit einer
Warenladung von mehr als 250.000 Dukaten und erreicht mit seiner gesamten Beute unversehrt die hei-
matliche Küste. Ein echter Teufelskerl! Denn Drake
hatte gleich zwei Fliegen mit einer Klappe erledigt.
Philipp war erneut geschwächt worden, und nach
dieser Expedition weiß Königin Elisabeth I. genau,
gegen wen sich der vorbereitete Stoß richten wird:
gegen die Engländer!

Der König trifft eine folgenschwere Entscheidung

Dennoch: Im Frühjahr 1588 liegt die spanische Armada endlich fahrbereit im Hafen von Lissabon. Und
jetzt trifft sie schon das erste gewaltige Mißgeschick:
Der Tod rafft ihren Admiral hinweg. Spätestens jetzt
rächt sich Philipps Regierungssystem. Weit und breit
ist kein brauchbarer Heer- oder Flottenführer in

Sicht, der dieses so wichtige Vorhaben erfolgreich führen könnte. Die wenigen brauchbaren Recken hat er immer auf weit entfernten Posten kaltgestellt oder mit huldreichen Worten auf ihre Güter abgeschoben, damit ihm keiner zu nahe kommen konnte oder gar über seinen Kopf wuchs. So fällt dann die Wahl des Königs notgedrungen auf einen Mann, der nichts vorzuweisen hat außer einem klangvollen Namen: Alonso Perez de Guzman, Herzog von Medina Sidonia.

Die Nachricht, ihm sei die Leitung des Unternehmens gegen die Engländer zugedacht, ist der größte Schrecken seines Lebens, denn er hat von den grundlegenden Dingen nicht den Schatten einer Ahnung. Während der wenigen Schiffsreisen, die er unternommen hat, ist er immer nur seekrank geworden. Das ist seine einzige Beziehung zum Meer. Er versäumt dann auch nicht, dem König in aller Deutlichkeit darzulegen, wie wenig er für dieses Vorhaben geeignet ist. Aber der König verbirgt seine Ratlosigkeit

hinter kühlem Starrsinn und erstickt alle Einwände   **99**
mit einem königlichen Machtwort.

Zwei Flottenzeitalter begegnen sich

Am 14. Mai 1588 setzen sich schließlich 130 Schiffe
von Lissabon aus in Bewegung. Sidonia soll die große Flotte nach Südirland führen. Ein Ablenkungsma-
növer: Während die englischen Schiffe sich dorthin
orientierten, sollte der Herzog von Parma mit einer
Invasionsstreitmacht aus den spanischen Niederlanden über den Kanal segeln, um Kent einzunehmen.
Ein einfacher Plan.

Doch zunächst galt es, die Engländer im Ärmelkanal
zu stellen. Und dies klingt einfacher, als es war. Denn
nicht nur zwei Flotten, sondern zwei Flottenzeitalter
ziehen jetzt gegeneinander zur See. Die Spanier ver-
körpern die alte schwerfällige Enterflotte, die den

100 Seekampf auf den Wellen selbst zu einem Land-
kampf umzugestalten vermag und die ihre Stoßkraft
aus schwerbestückten, aber weniger wendigen Groß-
kampfschiffen bezieht. Ihre Schiffe sind höher als
die der Engländer, tragen an Bug und Heck mächtige
Aufbauten und machen einen imposanten Eindruck.
Stolze Schiffe eben. Für das Entern ist diese Kon-
struktion vorteilhaft, für das Segeln weniger.

Die Engländer aber sind bereits die Vertreter des Ar-
tilleriekampfes zur See, den sie auf flinken Seglern
dem Feind nach Belieben aufzwingen können. Ihre
Schiffe sind schneller, liegen höher am Wind, treiben
nicht so stark ab und manövrieren gefügiger. Im
Nahkampf sind sie allerdings verloren, weil ihnen die
Erfahrung der Entertechnik und die geschulte
Schiffsinfanterie fehlen. Dagegen sind sie unerreich-
bar gut im Fernangriff und im Ausweichen, in der
lockeren Beweglichkeit der Schlachtlinie und in der
Ausnutzung des Windes.

Die Schlacht beginnt mit Hindernissen

Aber bevor es zu einem Zusammentreffen der beiden Flotten im Ärmelkanal kommt, geraten die Spanier gleich wieder in Kalamitäten. Diesmal sind die Nahrungsmittel halb verfault und das Wasser brackig. Die Mannschaften erkranken schwer an Brechdurchfall. Es bleibt nichts anderes übrig, als in La Coruña an Land zu gehen, neue Verpflegung einzuholen und die Schwerkranken auszusetzen. Endlich, am Freitag, dem 22. Juli, ist die neu hergerichtete Armada wieder startbereit. Mit starkem Südwestwind erreicht man nach drei Tagen den Ärmelkanal. Dort kommt es auch gleich zu ersten Gefechten mit den Engländern, die aber zu keiner echten Entscheidung führen. Medina Sidonia beschließt deshalb, so schnell wie möglich nach Osten zu segeln, um eine rasche Vereinigung mit den Streitkräften des Herzogs von Parma in Dünkirchen herbeizuführen.

102 Winde kommen auf

Dummerweise zwingen die ungünstigen Windver-
hältnisse in der Gegend von Dünkirchen die Armada,
bereits vor Calais vor Anker zu gehen. Dort liegt man
nun und wartet auf ein Signal des Herzogs von Parma. Eine gute Gelegenheit für die Engländer. Der
umtriebige Francis Drake erkennt in der Nacht vom
7. zum 8. August 1588 die außerordentlich günstige
Windrichtung. Er macht den Wind zu seinem Verbündeten. Drake setzt acht oder zehn »hell burners«
in Brand. Das sind kleinere Schiffe, die über und
über mit leicht brennbarem Zeug vollgestopft werden und die im Inneren zudem geschickt verteilte
Pulverpakete bergen.

Kurz nach Mitternacht treibt der Wind diese bren-
nenden Höllenfackeln zwischen die Reihen der schla-
fenden Armada. Die Wachposten blasen Alarm,
schlaftrunkene Besatzungsmitglieder stürzen an

Deck, sehen die nahende Gefahr und rennen in kopf-
loser Verwirrung schreiend und gestikulierend auf
und ab. Die bedrohten Spanier gleichen wilden Tie-
ren bei einem nahenden Steppenbrand. Nur die blin-
de Flucht auf die offene See hinaus kann Rettung
bringen. Die Ankertaue werden gekappt, und mit der
strömenden Flut treiben die hilflosen Fahrzeuge, sich
gegenseitig stoßend und beschädigend, gegen die
Sandbänke und Riffe von Dünkirchen zu.

Orkanartige Wind- und Regenböen

Als der Morgen graut, beeilen sich die Engländer, den
fliehenden Feind einzuholen. Den Nahkampf mei-
dend, nähern sie sich immer nur auf Schußweite und
jagen ihre Kanonenkugeln in die Wasserlinie der spanischen Schiffe. Orkanartige Wind- und Regenböen
machen am Spätnachmittag jede Kampfhandlung un-
möglich und treiben die feindlichen Parteien meilen-

104 weit voneinander ab. Am Morgen des folgenden Tages rettet nur ein plötzlich einsetzender Windwechsel die verscheuchte Armada vor der Gefahr, in den Untiefen der flandrischen Küste zu stranden. Ein von Medina Sidonia einberufener Kriegsrat kommt nach langem Hin und Her zu dem Ergebnis, zu retten, was zu retten ist, und in nordwestlicher Richtung um Schottland und Irland herum davonzusegeln.

Sturmböen über dem Atlantik

Und damit beginnt der Schlußakt der Armada. Nicht nur die Munition, sondern auch die Vorräte an Trinkwasser und Nahrungsmitteln gehen bedrohlich zur Neige. Bis zur Höhe der Orkney-Inseln vermag sich die arg dezimierte Armada beisammenzuhalten.

Aber auf dem Weg nach Südwesten durch den offenen Ozean bleibt ein Schiff nach dem anderen zurück. Was durch die

Beschießung der Engländer Schaden genommen hat, vermag den Sturmböen des Atlantiks nicht mehr standzuhalten. Die einen werden leck und versinken mit Mann und Maus, die anderen werden vom Sturm abgetrieben und gegen die Steilhänge und Klippen der britischen Westküsten geworfen. Wer dem Wellentod entgeht, wird ausgeplündert und ermordet. Für lebende Spanier hat der Engländer keine Verwendung.

Das Ende der Armada

Am 22. September landet Medina Sidonia mit ganzen elf Schiffen im Hafen von Santander in Spanien. Weitere 55 kommen im Laufe der nächsten Wochen nach. Alles übrige ist und bleibt verschollen. Von den 30.000 Mann Besatzung sieht kaum ein Drittel die heimatlichen Küsten wieder.

Abermals hat das Wetter die Geschicke der Menschen entschieden. Der Wind war im Spiel gewesen. Wenngleich die über alle Zweifel erhabene Unfähigkeit des spanischen Oberbefehlshabers zur See bei dieser Beurteilung allerdings nicht in Vergessenheit geraten soll.

Wenn das Wetter mitgespielt hätte …

Nicht auszudenken aber, was passiert wäre, wenn der Wind in diesen Tagen und Nächten auf Spaniens Seite gestanden hätte. Wahrscheinlich hätte man die zahlenmäßig unterlegenen Engländer geschlagen oder so lange beschäftigt, bis der Herzog von Parma mit seinen Soldaten den Kanal überquert hätte. Parmas erfahrene Soldaten wären auf London marschiert, wo sie auf schlecht ausgebildete und zwangsrekrutierte Soldaten und Milizen gestoßen wären. Eine lösbare Aufgabe. Nach der Sicherung der

108   Autorität der katholischen Kirche hätte man England in den Dienst der Päpste gestellt und die Protestanten in den Niederlanden besiegt. Die Amerikaner würden heute wohl Spanisch sprechen, und der 8. August wäre womöglich auf der ganzen Welt Nationalfeiertag.

REVOLUTION IN FRANKREICH 1794:

»EIN REVOLUTIONSTRAUM ENDET
IM PLATZREGEN«

Unruhe macht sich breit

Schuld war wieder mal das Wetter: Die Jahre 1787 und 1788 brachten ganz Frankreich schwere Mißernten wie schon im katastrophalen Hungerjahr 1709. Der harte Winter 1788/89 tat sein übriges. Alsbald brachen im ganzen Land Hungersnöte aus, von denen auch die städtische Bevölkerung nicht verschont blieb. Nicht nur, daß die Steuerlast seit langer Zeit unerträglich hoch geworden war, jetzt stiegen auch noch die Brotpreise. Das völlig verarmte Volk war verzweifelt. Anfang 1789 kam es zu ersten Auflösungserscheinungen der öffentlichen Ordnung und Plünderungen von Lebensmitteln im Zuge lokaler Hungeraufstände. Wer konnte helfen?

Vom Staat war wenig zu erwarten. Im Gegenteil, das feudalistische Frankreich stand vor dem Bankrott. Über die Hälfte des Haushalts wurde allein für Schuldzinsen benötigt. Eine nahezu hoffnungslose

112 Situation. Der ängstliche und kränkliche Ludwig XVI. sieht nur eine Möglichkeit, die Pleite abzuwenden. Es muß ihm gelingen, die bislang privilegierten Stände zum Zahlen zu zwingen. Ein schwieriges Vorhaben. Ludwig muß es aber wenigstens versuchen. Im Juni 1788 wurden die Generalstände erstmals nach fast 175 Jahren wieder ausgeschrieben. Es handelte sich um eine im Mittelalter entstandene Ständeversammlung, die zum letzten Mal 1614 getagt hatte und 1615 von Maria von Medici aufgelöst wurde. In ihr versammelten sich die Repräsentanten des Adels, der Kirche und des 3. Standes. Getrennt, versteht sich.

Gemeinsam war dem 1. und 2. Stand lediglich die Steuerfreiheit; eben jenes Privileg, das Ludwig zu beseitigen trachtete, um an den nötigen Zaster zu kommen. Doch das war leichter verkündet als getan. Denn zum Widerstand der Privilegierten gegen die vom König benötigten Steuerreformen gesellte sich nun auch die entschlossene Verweigerungshaltung des 3. Standes, der endlich die Gunst der Stunde nutzen wollte, um seine Forderungen nach politischer und sozialer Gleichstellung durchzusetzen. Von diesem Augenblick an war das ganze Gebäude der Monarchie bedroht!

Man könnte auch sagen: Schon mit der Einberufung der Generalstände erlebte die absolute Monarchie ihren Untergang. Am 19. November konnte der König zwar vor dem Pariser Parlament erklären: »Diese Maßnahme (die künftige Steuerpflicht des Adels) ist legal, weil ich es will.« Aber in Wirklichkeit wurde seine absolute Herrschergewalt mehr und mehr in Frage gestellt. Noch hatten die privilegierten Schichten nicht begriffen, daß sie mit dem Angriff auf das Königtum auch sich selbst in Gefahr brachten.

114 Die Revolution beginnt

Das Jahr 1789 machte Geschichte. Die Parlamente widersetzten sich den Entscheidungen des Königs. In den Provinzen kam es zu Aufständen. Die Weigerung, dem König weiterhin Geld zu zahlen, war für die Monarchie eine lebensgefährliche Bedrohung.

Sie sah sich nun einer geschlossenen Front gegenüber, die von den Bauern bis zu den Aristokraten und von den Mitgliedern des 3. Standes bis zu den städtischen Massen reichte. Als am 5. Mai 1789 die Generalstände schließlich in Versailles zusammentraten, brach in Paris die Hölle los. Politische Clubs schossen wie Pilze aus dem Boden, Reden wurden geschwungen und Fraktionen gebildet.

Politische Vielfalt

Einen der ersten und auch wichtigsten Clubs bildeten die Jakobiner, die sich nach dem aufgelösten Dominikanerkloster St. Jakob benannten. Sie forderten die politische Gleichberechtigung aller und wandten sich gegen die Vorherrschaft des besitzenden Bürgertums. Die jakobinische Diktatur 1793/94 (»Terreur«) war eine der sehr blutigen Seiten der Revolution und stellt ihre radikale Phase dar. Ihre Anhänger rekrutierten sich vor allem aus den Reihen der Arbeiter und der sogenannten Stadt- und Dorfarmen. Zu den teilweise noch radikaleren Kräften und späteren Gegnern der Jakobiner gehörten da schon die Sansculotten. Es waren Vertreter der Handwerker, der Gesellen, der kleinbürgerlichen Berufe, des Haus- und Dienstleistungspersonals, die sich durch ihre langen Hosen (sans culottes – ohne Kniehosen) von den seidenen knielangen Hosen der Adligen und Großbürger unterscheiden wollten. Sie forderten vor allem das freie Wahlrecht für alle – unabhängig vom Besitz – und eine völlige Entmachtung des Königs. Dann gab es noch die Girondisten, benannt nach dem Departement Gironde, aus dem mehrere ihrer Führer kamen. Sie waren Vertreter des kleinen und des mittleren Bürgertums, die entschieden gegen eine Rückkehr zum Ancien régime, aber ebenso gegen eine soziale Demokratie eintraten. Nicht vergessen darf ich die Cordeliers, ein radikaler politischer Club des äußersten linken Flügels der Revolution, und die Feuillants, deren Mitglieder allesamt liberal eingestellte Adelige waren, die die konstitutionelle Monarchie unterstützten und eine Radikalisierung der Revolution verhindern wollten.

Die Revolution ist in vollem Gange

Die Vielfalt der politischen Clubs sorgte sehr bald für einen regen und auch ständeübergreifenden Meinungsaustausch. Schon bald vermischten sich die Stände. Geistliche und adlige Delegierte folgten den Versammlungen der gemeinen Bürger. Der 3. Stand wurde immer selbstbewußter und forderte ein gleichberechtigtes Abstimmungsverfahren zu den bevorstehenden Steuerfragen. Als der Adel und die Geistlichkeit diese Forderung ablehnten, erklärte der 3. Stand am 17. Juni 1789 seine Zusammenkunft kurzentschlossen zur Nationalversammlung, zur alleinigen Vertretung der Nation.

Der König ließ alsbald Truppen um Paris zusammenziehen, um dieses aufflackernde neue Selbstbewußtsein gleich im Keim zu ersticken. Nun begann eine Zeit der Tumulte und Aufstände, die mit der Erstürmung der königlichen Festung, der Bastille, am 14. Juli ihren vorläufigen Höhepunkt fand. Die Revolution war in vollem Gang und breitete sich auch auf das Land aus.

118 Ordnung kehrt ein

Da die Nationalversammlung nun einen vielfältig
motivierten und damit chaotischen Umsturz be-
fürchten mußte, stellt sie sich gleich an die Spitze aller revolutionären Bewegungen. Jetzt galt es zudem,
die Errungenschaften der noch jungen Bewegung
möglichst rasch in erste Gesetze zu gießen. Zur allgemeinen Beruhigung beseitigte man ganz schnell die
feudalen Standesrechte und verkündete die Men-
schen- und Bürgerrechte. Der Erbadel wurde besei-
tigt; Frankreich wurde in 83 Departements eingeteilt.
Eine neue Stadtverwaltung, die »Commune«, wurde
gebildet. Ach, und beinahe hätte ich es ganz vergessen: Der Staatsbankrott wird auch behoben. Wie?
Ganz einfach: Der Adel war Hals über Kopf ins Ausland geflüchtet. Hab und Gut hatte er in der Hast zu-
rücklassen müssen. Und im allgemeinen Gewirr der
Revolution nutzte man die Gunst der Stunde, indem
man die Kirchengüter verstaatlichte.

Da saßen sie nun in der gesetzgebenden Versammlung: die Jakobiner, die Girondisten, die Cordeliers, die Monarchisten, die Sansculotten und all die anderen. Die Königstreuen rechts und die Radikalen links. (Daher stammt auch die heute noch gebräuchliche politische Zuordnung, die auch weitestgehend von den Abgeordneten der Paulskirche 1848 beibehalten wurde). Man debattierte und stritt, intrigierte und palaverte.

Die Girondisten waren bereit, weiter mit dem König zusammenzuarbeiten. Sehr zum Leidwesen der Jakobiner, die sich weiterhin entschieden gegen den König und das immer noch vorherrschende Großbürgertum wandten. Zunächst setzten sich aber die Befürworter der noch jungen Verfassung durch. Am 14. September 1791 leistete der König endlich seinen Verfassungseid. Damit war der Absolutismus in Frankreich endgültig gestürzt. So weit, so gut.

120   Robespierre betritt die Bühne

Seit August 1792 sprechen wir von der Zweiten Phase der Revolution: »Tuilerien«-Erstürmung, Suspen-
dierung des Königtums, Gefangennahme der Kö-
nigsfamilie. Im Januar 1793 wird der erste Repräsentant der nun der Vergangenheit angehörenden
absoluten Monarchie unter dem Fallbeil hingerichtet.
Der Adel ist geflohen. Doch damit nicht genug. Im
Juli übernimmt Maximilien Robespierre das Steuer
und fährt einen noch schärferen Kurs.

Robespierre ist ein junger Anwalt aus Arras und ein
geschickter Taktiker und fähiger Redner, ein Jakobiner, wie er im Buche steht! Hager und bleich, ernst
und enthaltsam, tugendhaft und unbestechlich. Allein seine krankhafte Empfindlichkeit macht es ihm
schwer, sich nachhaltig mit der Kritik und der Ungeduld seiner Gegner auseinanderzusetzen. Bisweilen
wirkt er verstört und verschlossen.

122 Das soll nicht täuschen. Denn eben dieser Robespierre hat viel zum furchtbaren Blutvergießen dieser
Jahre beigetragen, was im (über-)eifrigen Bemühen
um die Glaubwürdigkeit und den Erfolg der jungen
Republik erfolgte. Massenverhaftungen und Hinrich-
tungen waren jedoch kaum geeignet, Sympathien für
die revolutionären Ideale im Ausland zu gewinnen.
Nebenbei bemerkt: Terror erlebte die Französische
Revolution auch vor und nach Robespierre.

Der Terror beginnt

Zurück zum Geschehen. Robespierre wird am 24. Ju-
li erst einmal Mitglied des Wohlfahrtsausschusses.
Aber dann geht es los: Schnell verabschiedet er ein
Gesetz zur generellen Verdächtigung aller Revolu-
tionsfeinde durch die Nationalversammlung. Die
Folgen sind verheerend, der Grundstein neuerlichen
Blutvergießens gelegt. Zuerst wird Marie Antoinette,

der Königin, der Prozeß gemacht. Dann kommen die 123
wenigen noch im Land verbliebenen Aristokraten an
die Reihe und schließlich die Revolutionäre selbst.
Zumindest diejenigen, die die Revolution »verraten«
haben. Die Girondisten und Feuillants zum Beispiel.
Innerhalb weniger Wochen wandern mehrere Tau-
send Menschen auf das Schafott. Frankreich versinkt
in Chaos und Schrecken, und Robespierre legt nach.
Ein neues Gesetz stellt die Verbreitung falscher
Nachrichten unter Strafe. Was auch immer damit gemeint ist: Die Leute bleiben zu Hause und schweigen. Jede Rechtssicherheit ist aufgehoben, niemand
seines Lebens mehr sicher.

Wolken ziehen auf

Inzwischen formiert sich im Wohlfahrtsausschuß eine
heimliche Koalition derjenigen, die sich von Robespierre bedroht fühlen. Und das sind nicht wenige.

Dem sensiblen Robespierre bleibt das nicht verborgen. Mit einer entschlossenen Rede versucht er am 26. Juli 1794, die Mehrheit des Konvents wieder auf seine Seite zu bringen. Dummerweise greift er dabei alle politischen Lager des Konvents zugleich an.

Das kommt nicht gut an. Der Konvent fühlt sich in seiner Gesamtheit bedroht. Es folgt ein politischer Fehlgriff nach dem anderen. Er klagt die Extremisten an; er kritisiert die Finanzverwaltung. Kurz vor der Eskalation wird die Sitzung beendet. Robespierre geht nach Hause, die aufgerüttelten und wütenden Mitglieder der Ausschüsse bleiben und beraten sich die ganze Nacht. Man einigt sich darauf, Robespierre in der Sitzung am nächsten Tag einfach nicht mehr zu Wort kommen zu lassen. Eine ganze Nacht beraten, um zu solch einem dünnen und noch dazu undemokratischen Ergebnis zu kommen? Wir werden sehen. Am 27. Juli nimmt das parlamentarische Ränkespiel seinen Lauf. Wie geplant, unterbricht man

Robespierre oft und unflätig. Man schreit ihn nieder, provoziert und demütigt ihn. Schließlich läßt man ihn verhaften und abführen.

Der Himmel verdunkelt sich

Die Spannungen übertragen sich rasch auf die Pariser Straßen. Der Mob strömt auf den Platz vor der Nationalversammlung. Die von den Jakobinern herbeigeholte Nationalgarde befreit Robespierre. Die Kommune bittet ihn, ins Rathaus zu kommen. Er weigert sich zunächst, dorthin zu gehen und sich damit an die Spitze des Aufstandes zu stellen; aber er gibt den Rat, » ... die Gittertore zu schließen, ... alle Druckpressen der Journalisten zu versiegeln, die Journalisten zu verhaften und ebenfalls die Verräter unter den Abgeordneten«. Im Rathaus wird diskutiert, erörtert und verworfen. Unternommen wird nichts.

126   Robespierre steht im Regen

Das Volk wartet nun bereits seit Stunden vor dem Rathaus. Dunkle Gewitterwolken ziehen sich über der Stadt zusammen. Unruhe macht sich breit; Gerüchte kursieren. Die Vertreter des Konvents versuchen diese – für sie gefährliche – Versammlung zu zerstreuen. Robespierre beschließt nun doch, kurzerhand ins Rathaus zu eilen und zur Menge zu sprechen, den Mob noch in die richtige Stimmung zu versetzen. Dazu kommt es nicht mehr. Urplötzlich entlädt sich über der Stadt ein heftiges Sommergewitter. Innerhalb von Sekunden steht die Stadt knöchelhoch unter Wasser. Sturzbäche von Wasser ergießen sich auf die Straßen und überschwemmen die Gassen. Eine Stunde lang schüttet es wie aus Eimern. Die Menschen eilen nach Hause oder suchen Schutz in Torbögen und Hauseingängen. Der Platz vor dem Rathaus leert sich schlagartig. Robespierre hat verloren. Der Regen hat ihm seine letzte Chance genommen.

Sein Schutzschild, der Mob der loyal gesinnten Bezirke von Paris, hat sich aufgelöst. Ein Unwetter hat seinen Revolutionstraum zerstört.

Das Ende

Schon dringt die Abordnung des Konvents in den Saal ein ... Jetzt bleibt nur noch der Tod. Es wird gemeinhin angenommen, daß Robespierre noch versucht hat, sich zu erschießen. Ob aber eine Kugel aus seiner eigenen oder einer fremden Pistole sein Kinn zerschmettert, kann nur gemutmaßt werden. Schwerverletzt wird er erneut festgenommen und am nächsten Tag hingerichtet.

Die Schlacht der Revolution wurde nicht durch Kanonen, sondern durch Worte, Verrat und eine Laune des Wetters entschieden.

IRISCHE »POTATO BLIGHT« 1846:

»MISSERNTE UND MASSENFLUCHT«

Die Herrschaft der Engländer

Die englische Herrschaft etablierte in Irland die Anglikanische Kirche, deren Wurzeln älter als die Reformation sind. Katholiken wurden unterdrückt, die keltisch-irische Kultur und Sprache in die Opposition gezwungen. Die Engländer enteigneten die irisch-katholischen Landbesitzer und siedelten Mitte des 19. Jahrhunderts Tausende von Menschen aus dem fruchtbaren Osten der Insel in den kargen Westen um. Vor allem Soldaten verließen in der Folge das Land, um bei fremden katholischen Armeen Lohn und Brot zu finden.

Wer zurückblieb, bestellte meist eine winzige Parzelle Land, die ihren Pächter und dessen Familie kaum ernähren konnte. Zum Verkaufen oder für den Eigenbedarf blieb wenig übrig, weil die Abgaben an die neuen englischen Landeigner horrend waren. Zum Gefühl der Unfreiheit kam die existentielle und

130 materielle Not. Um die Pacht für ihre Parzelle bezahlen zu können, überließen viele Männer die kleinen Felder ihren Frauen und Kindern und arbeiteten in Schottland und Ostengland als Erntehelfer. Wer die Pacht trotzdem nicht entrichten konnte, mußte die überlassene Parzelle verlassen.

Als säumiger Zahler bekam er bei den englischen Grundbesitzern in der Regel dann auch keine zweite Chance. Der einzige Ausweg lag dann wieder im Auswandern. Und Auswandern kostet Geld. Ein erniedrigender Kreislauf, der die Menschen immer tiefer ins Elend trieb.

Nebel im Hochsommer

Der Hochsommer des Jahres 1845 ist heiß und trokken. Ideale Voraussetzungen für eine ertragreiche Kartoffelernte. Die aus Amerika stammende stärkehaltige Knolle kam einst über Spanien nach Europa. In Irland ist sie seit dem 17. Jahrhundert das Grundnahrungsmittel der Unterschichten.

In jenem Sommer 1845 also änderte sich von einem Tag auf den anderen das Wetter! Die Temperaturen sinken, und Nebel zieht auf. Dann setzt Dauerregen ein. Es regnet drei Wochen lang. Die Felder werden überflutet, die Hütten stehen unter Wasser und das Vieh ertrinkt. Doch mehr noch als die Bevölkerung leiden zunächst die Kartoffelpflanzen unter der Witterung. Sie werden schwarz und faulig.

Erste Untersuchungen führen zu der Einsicht, die Kartoffeln hätten sich durch den andauernden Regen derart mit Wasser vollgesogen, daß nun die Fäulnis einsetze. Weit gefehlt: Der Übeltäter ist in Wirklichkeit eine von einem Überseeschiff stammende kleine, auf Feuchtigkeit angewiesene Spore mit großer Zerstörungskraft. Die Phytophthora infestans – die Kartoffelpest – vermehrt sich so rasend schnell, daß eine einzige infizierte Kartoffel innerhalb kürzester Zeit Tausende weitere Pflanzen anstecken kann. Vor allem dann, wenn es naß und neblig ist.

Es regnet, regnet und regnet

Die Kartoffel ist lebenswichtig für Irland. Und die Landbevölkerung weiß sehr schnell, daß ihr harte Zeiten bevorsteht. Kurzentschlossen muß man die ungeliebten Engländer um Hilfe bitten. Die stellen dann auch zunächst einmal 100.000 Pfund zur Verfügung, so daß in den USA Mais gekauft werden kann. Ein wichtiger Schritt, der zumindest den Ausbruch der Hungersnot mildert.

Doch mit dem Winter kommt die Not, und das darauffolgende Jahr 1846 sollte noch viel schlimmer werden. Nach einem milden Frühjahr setzt erneut ein

Dauerregen ein. Diesmal noch früher, heftiger und länger als im Vorjahr. Die Seuche breitet sich rasend schnell aus. Im August sieht man auf der ganzen Insel bereits nur noch schwarze Kartoffelfelder. Spätestens jetzt ist klar, daß die Menschen ohne weitere und schnelle Hilfsmaßnahmen aus England nicht überleben werden. Aber die Hilfe kommt nicht ein zweites Mal. Statt dessen das todbringende Jahr 1847: Typhus und Fleckfieber breiten sich aus, raffen die geschwächten Überlebenden der Hungerkatastrophe hinweg.

Die Iren verlassen ihre Insel

Nun ist ganz Irland auf der Flucht. Die Menschen lassen alles zurück, um dem Elend und der Ansteckungsgefahr zu entkommen. Die massenhafte Emigration der Iren nach Amerika ist rückblickend die wohl weitreichendste Folge der Hungerkatastrophe

134   dieser Jahre. Allein in den zehn Jahren von 1841 bis 1852 sinkt die Bevölkerung durch Hungertod und Auswanderung von 8,2 auf 6,5 Millionen. Zwischen 1845 und 1855 wandern mehr als zwei Millionen Menschen aus, die meisten besteigen ein Schiff nach Amerika. Noch heute leben ca. dreimal so viele Iren in den Vereinigten Staaten wie in Irland selbst.

Und nicht zu vergessen: Es waren die irischen Emigranten, die den St. Patrick's Day zu einem Massenspektakel mit Paraden, immer wachsender Teilnehmerzahl, kommerziellen Begleitveranstaltungen bis hin zum Tourismusgeschäft ausweiteten.

Und da grün die irische Nationalfarbe ist, wird noch heute alles an diesen Tagen grün eingefärbt: Schals, Pullover, Hosen, Hüte ... und auch das Bier, was den Tag im Volksmund zum »Green Beer Day« stempelte.

Der Regen kehrt zurück

Wenden wir uns wieder der Mißernte zu, die damals ganz Europa heimsuchte. Auch 1848 kommt der Regen zurück und mit ihm die schon überwunden geglaubte Kartoffelpest. Als nun auch noch – von einem Seemann eingeschleppt – die asiatische Cholera ausbricht und sich in Windeseile auf der gesamten Insel ausbreitet, wird ganz Irland unter Quarantäne gestellt. Die Cholera-Epidemie forderte Hunderttausende von Todesopfern. Im Herbst 1848 ist die Kartoffelpest endlich überstanden.

Verhängnis oder Vorsatz?

Eine Million Menschen sind ums Leben gekommen. Nicht durch einen Krieg, sondern durch die gewaltigen und unkontrollierbaren Kräfte der Natur. Katastrophale Wetterbedingungen und ein bis dahin unbe-

kannter Pilz haben ein ganzes Land fast zugrunde ge-
richtet. Ein natürliches Verhängnis, für das die Briten
allerdings eine große Mitschuld tragen. Die Kartof-
felmißernte mag noch ein Naturereignis gewesen sein,
aber die britischen Hilfsaktionen waren gewiß keines.
Denn die britische Regierung gab für die Hilfe insgesamt nicht mehr als zehn Millionen Pfund aus, während sie siebzig Millionen Pfund in den Krimkrieg
steckte. Einige behaupten, Königin Viktoria habe
dem Hilfsfonds kümmerliche fünf Pfund gestiftet,
andere weisen darauf hin, daß sie in Wirklichkeit
fünftausend Pfund gespendet habe. Die Regierung erklärte zudem viel zu früh die Hungersnot als überwunden. Rücksichtslos vertrieben manche Grundbe-
sitzer die irischen Pächter von ihrem Land. Viele Iren
erinnern sich noch heute der Schiffe, die während der
Hungersnot die Häfen in Richtung Großbritannien
verließen, schwer beladen mit Korn und Vieh.

Vom Wetter aber spricht heute niemand mehr.

D-DAY 1944:

»EIN WETTERFENSTER
ZUM KRIEGSENDE«

Wetterabhängige Invasionen

Lassen Sie uns über zwei Invasionen reden: Über Herzog Wilhelm, den Herrscher der Normandie, der am 27. September 1066 mit seinen normannischen Truppen von seinem Herzogtum über den Kanal nach Pevensey übersetzte, um die Herrschaft in England zu erringen, und über die alliierten Truppen, die am 6. Juli 1944 von der englischen Südküste aus die Rückeroberung Frankreichs starteten.

Die zweite Invasion war das geographische Gegenteil der ersten. Dennoch hatten beide eine Gemeinsamkeit: Die Abhängigkeit ihres Gelingens vom Wetter. Wilhelm der Eroberer mußte mit seiner ausgerüsteten Armee sechs Wochen auf günstiges Wetter warten, bevor sie in der Nacht vom 27. auf den 28. September erfolgreich nach England übersetzen konnten. Auch die alliierten Truppen lauerten an der englischen Küste auf geeignetes Wetter für ihre Passage über den Ärmelkanal. Von dieser – an Dramatik und Bedeutung kaum zu überbietenden – Wettergeschichte möchte ich ihnen gerne etwas mehr erzählen.

Respekt vor den Deutschen

Die Geschichte wimmelt von Beispielen über Feldzügen, in denen die Überlegenheit an Waffen und Soldaten durch Generäle, Glück, Moral, menschliches Versagen oder das Wetter zunichte gemacht wurden. Im Rückblick mag der Erfolg der Alliierten mit Tausenden Landungsfahrzeugen, der Schlachtflotte und einem gewaltigen Lufteinsatz im Rücken am 6. Juni 1944 keine Überraschung sein. Schließlich besaßen sie große Überlegenheit in der Luft und zu Wasser. Die deutsche Armee war zudem nach drei Jahren Rußlandkrieg, wo sie annähernd zwei Millionen Tote hinnehmen mußte, zermürbt. Und auch die in Großbritannien zusammengezogenen Armeen der Briten und Amerikaner waren den Deutschen in Frankreich zahlenmäßig überlegen. Zudem verfügten sie über mehr Panzer und eine stärkere Artillerie.

Dennoch gab es im Frühling 1944 eine Reihe wichtiger Persönlichkeiten in der Führungsspitze der Alliierten, die dem »Sprung« über den Kanal und der Konfrontation mit der deutschen Wehrmacht nicht gerade zugetan waren. Winston Churchill gehörte dazu. Wir müssen uns nur die geistige Verfassung des britischen Oberkommandos vor Augen führen: Nach vier Jahren Krieg und zahlreichen Niederlagen war es weniger ob der Stärke der Deutschen Armee als wegen des Durchhaltewillens der deutschen Soldaten zutiefst besorgt.

Diese waren, wenn auch zermürbt, als zähe und tapfere Kämpfer bekannt: Zum einen durch die Schlachten der letzten Monate, zum anderen durch die deut-

142 sche Auslandspropaganda, die ihren Teil dazu beigetragen hatte, daß dieses Bild des »deutschen Soldaten« entstehen konnte. Auch war die schreckliche Erinnerung an die 744.000 gefallenen Landsmänner des
Ersten Weltkrieges durchaus noch lebendig.

Die Amerikaner wollen den D-Day

Um es klar zu sagen: Eigentlich wehrten sich die Briten gegen eine Operation über den Ärmelkanal, gegen die Operation »Overlord«. Sie hielten es für ungleich wichtiger, die verwundbaren Ränder des Nazi-
reiches »anzuknabbern«. So traten sie beispielsweise
dafür ein, die Operationen im östlichen Mittelmeer
zu verstärken und eine Invasion Siziliens sowie Lan-
dungen in Norwegen zu realisieren. Nebenveranstal-
tungen! Zumindest aus der Sicht der Amerikaner. Die
gesamte Triebkraft und die Ungeduld, die deutsche
Armee in Frankreich zu schlagen, kam von den Ver-

einigten Staaten. Anfang 1943 legten diese dann auch das ungefähre Datum für den D-Day fest, und die Briten mußten einwilligen. Selbst erfahrene und wichtige britische Kommandeure waren danach erstaunt, mit welcher Geschwindigkeit und Rücksichtslosigkeit die Amerikaner immense logistische Probleme lösten, die die an chronische Versorgungsengpässe gewöhnten Briten für unüberwindbar hielten.

Hier soll nicht der Eindruck erweckt werden, daß die Briten wirklich gegen das Unternehmen D-Day waren. Im Vergleich zu den Amerikanern waren sie vielleicht nur vorsichtiger und hatten Europa betreffend andere Prioritäten als die USA. Viele britische Soldaten betrachteten zudem die immensen Ressourcen und logistischen Fähigkeiten ihrer amerikanischen Kollegen mit Bewunderung und Neid. Ganz unbewußt spielte vielleicht auch eine Art Minderwertigkeitskomplex eine Rolle. Es war den Briten schließlich schmerzhaft bewußt, daß ihre eigenen Streitkräf-

144 te die Gesamtheit dessen darstellten, was die Nation an bewaffneter Macht für den geplanten Einsatz aufbieten konnte. Die Amerikaner dagegen hatten nicht nur eine zahlenmäßig höhere Truppe in Großbritannien zusammengezogen, sie hatten auch noch viele Divisionen in Reserve, die darauf warteten, direkt aus den USA auf den Kontinent gebracht zu werden.

Truppenbewegungen zu Lande und zur See

Doch die Gesamtzahl der Soldaten und Waffen war nicht das Problem. Worauf es ankam, war ein reibungsloser Ablauf der geplanten Landungsoperation und die Geschwindigkeit, mit der die gelandeten Truppen in den Folgetagen auf dem Seeweg verstärkt werden konnten. Man mußte davon ausgehen, daß die Deutschen in der Lage waren, innerhalb von 14 Tagen nach D-Day 28 Divisionen in der Normandie zusammenzuziehen. Gegenüber 19 der Alliierten.

Das läßt das Zögern der Briten dann schon in einem anderen Licht erscheinen. Die Masse der deutschen Armeen stand zwar immer noch in Rußland. Als der D-Day geplant wurde, hatte Hitler 179 Divisionen an der Ostfront, 26 in Südeuropa, 22 in Italien, 16 in Skandinavien, 53 in Frankreich und in den Niederlanden. Doch der Vorteil, Truppen zu Land anstatt auf dem Seeweg transportieren zu können, eröffnete den Deutschen zumindest theoretisch die Möglichkeit, in den ersten Wochen des Feldzugs im Westen mehr Truppen zusammenzuziehen als die Alliierten.

Die ausschlaggebende Bedeutung der Luftwaffe

Um dieser Entwicklung vorzubeugen, verließen sich die Alliierten auf den Einsatz ihrer massiven Luftstreitkräfte. Mit unzähligen Bomberstaffeln ließ man in den Tagen vor und nach dem D-Day die Straßen- und Schienenverbindungen in Nordwesteuropa angreifen. Ein kluger Schachzug, der nicht nur von den Vorbereitungen der Invasion ablenkte, sondern auch dafür sorgte, daß viele deutsche Heeresverbände das Schlachtfeld in der Normandie erst mit großen Verzögerungen erreichen konnten. Dies und die perfekte logistische Vorbereitung waren von ausschlaggebender Bedeutung für den Erfolg des Normandie-Feldzugs.

Alles läßt sich planen – nur das Wetter nicht

Viele Monate, und in manchen Fällen auch Jahre lang, brüteten die Planer in den Stäben über Ladetabellen und Versandberechnungen, Eisenbahnfahrplänen und Treibstoffkurven. Schließlich ging es um die Organisation des Transports von zwei Millionen Menschen nach Frankreich, ihre Bewaffnung und Verpflegung, die Treibstoffversorgung und sonstige Unterstützung während der elf Monate der Kämpfe, die auf den D-Day folgten. Für die Versorgung der alliierten Armeen in Nordwesteuropa wurden täglich 26.000 Tonnen Vorräte benötigt.

In den letzten Wochen vor dem D-Day sprachen alle logistischen Vorbereitungen und Gegebenheiten schließlich dafür, daß die Alliierten den Feldzug erfolgreich beginnen konnten. Eine sehr starke, gut ausgebildete und bestens ausgerüstete Landungstruppe stand bereit. Die hohe Überlegenheit in der Luft und zur See war gegeben. Und, was auch nicht in Vergessenheit geraten darf, bis zum Schluß konnte Stillschweigen über das Ziel gewahrt werden. Eine perfekte Vorbereitung. Und dennoch hatten die Kommandeure der Alliierten ihre großen Ängste. Das Wetter, immer wieder das Wetter, stellte eine große unbekannte Bedrohung dar.

148   Ein Zwischenhoch gibt das Signal zum Angriff

Die wichtigsten Leute auf beiden Seiten sind in dieser Phase die Meteorologen. Die Alliierten wünschen
sich natürlich klares Sommerwetter mit unbegrenz-
ter Sicht für die Flugzeuge, dazu möglichst wenig
Wind. Und zwar am 5., 6. oder 7. Juni, denn an diesen Tagen trifft alles zusammen, was man sonst noch
so brauchen kann: mondhelle Nächte für die
Luftlandeeinheiten, Einsetzen der Flut etwa mit dem
ersten Morgengrauen.

Statt dessen aber zieht Anfang Juni ein ausgedehntes
Tiefdrucksystem mit Regenschauern, tiefhängenden
Wolken und Wind vom Atlantik über Westeuropa
hinweg. Die zunächst für den 5. Juni geplante Operation wird mühsam gestoppt. Die flachen und kiel-
losen Landungsboote würden wie Spielzeuge in einer
Badewanne hin- und hergeschleudert werden. Allein
die dabei aufkommende Seekrankheit hätte die Sol-

daten schon vor Erreichen der Küste kampfunfähig gemacht. Es hätte zudem kein unterstützendes Bombardement aus der Luft gegeben.

In den Morgenstunden desselben Tages wird der Oberkommandeur der Alliierten, General Dwight D. Eisenhower, von den Meteorologen unterrichtet, daß unter den von Westen heranziehenden Störungen ein kleines Zwischenhoch sei, das eine gewisse Wetterbesserung für den 6. Juni erwarten lasse. Daraufhin gibt der Oberste Befehlshaber den Einsatzbefehl. Eine riskante Entscheidung. Rückblickend natürlich richtig. Das nächste Datum mit einer zufriedenstellenden Konstellation aus Vollmond und Ebbe wäre nämlich der 19. Juni gewesen. Ein Tag, an dem es einen noch viel schlimmeren Sturm geben sollte. Auf deutscher Seite sieht man die Situation interessanterweise völlig anders. Die Meteorologen sind hier der Meinung, daß vorerst keine Besserung in Sicht sei. Unvermögen? Nein, dort fehlt ganz einfach die Mög-

lichkeit der weiträumigen Wetterbeobachtung. Der
Atlantik gehört schließlich den Alliierten.

Am 6. Juni gegen 1.30 Uhr eröffnen dann die Luft-
landedivisionen der Alliierten den Kampf. Landungsboote mit Bodentruppen folgen fünf Stunden
später. Nach weiteren 24 Stunden sind, wirkungsvoll
unterstützt von der schweren Schiffsartillerie,
132.000 Mann angelandet. Die Alliierten verfügen
bei der Operation »Overlord« über 1.213 Kriegsschiffe, 4.126 Landungsfahrzeuge, 5.112 Bomber,
5.409 Jagd- und 2.316 Transportflugzeuge.

Im Besitz der absoluten Lufthoheit fliegen diese am
D-Day 16.647 Einsätze. In den idyllischen Badeor-
ten an der Atlantikküste und den Dörfern und Städten des Calvados müssen bei den pausenlosen Bom-
bardements der Alliierten auch Tausende von Fran-
zosen sterben. Die Küstenregion und das Hinterland
mit uralten Städten wie Caen oder Falaise werden

von Bombenteppichen vollständig verwüstet. Doch beim Einrücken der Befreier standen die Überlebenden vor den rauchenden Trümmern und winkten den Engländern und Amerikanern freundlich zu: Vier Jahre deutscher Besatzung hatten genügt, um als Preis der Freiheit selbst dieses Opfer hinzunehmen. Mit Abschluß der Operation am 30. Juni befanden sich 850.000 alliierte Soldaten auf dem Festland. Bis Ende Juli stieg ihre Zahl auf 1,5 Millionen an.

Wenn es stürmisch geblieben wäre ...

Mit »Overlord« nahm die Befreiung Westeuropas ihren Anfang. Was aber wäre passiert, wenn sich das so wichtige Wetterfenster in diesen Tagen nicht geöffnet hätte? Eisenhower hätte das Unternehmen abblasen müssen und damit sicherlich auch das Ziel der Invasion verraten. Und um den möglichen Alternativtermin herum, den weiter oben bereits angespro-

chenen 19. Juni, sollte bekanntlich ein noch stärkerer
Sturm herrschen.

Es ist unwahrscheinlich, daß eine Niederlage der Alliierten an der Atlantikküste das Ergebnis des Zweiten Weltkrieges geändert hätte. Das Gewicht der gegen Deutschland zusammengezogenen Streitkräfte war einfach zu groß. Womöglich wäre aber die Regierung Churchill an diesem Mißerfolg zerbrochen. Was hätte eine Nachfolgeregierung getan? Eine Verstärkung der Landeoperationen in Südfrankreich (Operation »Dragoon«) wäre denkbar gewesen. Eine mögliche Befreiung Südfrankreichs hätte aber nicht den Krieg beendet.

Denkbar ist vielmehr, daß Stalin zuerst Deutschland und dann Frankreich überrannt hätte: die Rote Armee am Ärmelkanal. Ein wirkliches Schreckensszenario. Mit der Zunahme der sowjetischen Bedrohung und dem Stillstand der Operation »Dragoon« hätten

154 Briten und Amerikaner die Bombardierung Deutschlands noch weiter verstärkt und im Sommer 1945 vielleicht Atombomben über Deutschland abgeworfen. Das wiederum hätte Stalin dazu veranlaßt, seine Truppen von der deutschen Front abzuziehen und sie an die japanische Front zu verlegen. Die Sowjets hätten vielleicht große Teile Nordjapans besetzt, und den Japanern wären die Atombomben erspart geblieben, von denen ich im nächsten Kapitel berichten möchte.

HIROSHIMA 1945:

»WETTERBESSERUNG BRINGT DEN TOD«

Amerika will endlich wieder Frieden   157

Der 16. Juli 1945. Der amerikanische Präsident Harry S. Truman befand sich in Berlin, wo er an diesem Tag durch die Trümmer der Hauptstadt des geschlagenen Reichs fuhr. In wenigen Tagen wird er auf Schloß Cecilienhof mit Josef Stalin und Winston Churchill zusammentreffen, die drei, die auf der Potsdamer Konferenz das Europa der Nachkriegszeit gestalten wollen. Es ist gerade drei Wochen her, daß Vertreter von fünfzig Staaten in San Francisco die Charta der Vereinten Nationen unterschrieben haben. Sie wurden dabei von der Hoffnung geleitet, diese Staatengemeinschaft möge das Ausbrechen künftiger Kriege vermeiden.

Und dabei tobte im Pazifik immer noch ein zermürbender Krieg. Die Schlachten von Guadalcanal, Midway und Iwoyima sind zwar geschlagen. Amerika hat die Japaner zurückgedrängt, aber vor einer Invasion der japanischen Inseln schrecken General McArthur, Admiral Nimitz und alle Offiziere der Verbündeten zurück. Sie würde viele hunderttausend alliierte Soldaten das Leben kosten, von den japanischen Verlusten ganz zu schweigen. Amerika, das gerade den Krieg in Europa gewonnen hat, will keine neuen blutigen Schlachten. Amerika will endlich wieder Frieden.

Das »Ding« aus der Wüste

Die Wüste östlich des Rio Grande und westlich der Sierra Oscura in New Mexico ist trostlos. Kein Wunder, daß die spanischen Eroberer diesen öden Landstrich vor vierhundert Jahren »Jornada del Muerto« (Reise der Toten) genannt haben. Das Gebiet gehörte in den Kriegsjahren des Zweiten Weltkrieges zum Raketenschießplatz »White Sands« des amerikanischen Heeres und war Sperrgebiet. Seit Wochen schon ging es dort außergewöhnlich geschäftig zu. Ingenieure hatten ein »Ding« zusammengesetzt. Der eiförmige Gegenstand hieß tatsächlich nur »Ding«, weil er in den letzten zwei Jahren in einem Projekt mit der allerhöchsten Geheimhaltungsstufe entstanden war und deshalb keinen spezifischen Namen haben durfte. Es handelte sich um das größte Geheimvorhaben der amerikanischen Geschichte, geleitet von Brigadegeneral Leslie R. Groves. Ihm unterstanden mehrere hunderttausend Arbeiter und eine Crew von ausgezeichneten Wissenschaftlern, das Beste, was das Land zu bieten hatte. Und er verfügte über einen Milliarden-Dollar-Etat.

Die erste Atombombe der Welt explodiert

Einer der Physiker, die für Groves arbeiteten, hieß Julius Robert Oppenheimer. Dieser junge Wissenschaftler leitete einen Stab von hervorragenden Forschern, die hier in New Mexiko, in Los Alamos, wie das streng geheime Laboratorium genannt wurde, die erste Atombombe der Welt bauen sollten. Aber weder Groves noch Oppenheimer und seine Crew wußten zu Beginn des Unternehmens, wie das zu machen war. Für ihn und seine Kollegen war der 16. Juli 1945 daher ein ganz besonderer Tag. In den frühen Morgenstunden war es ihnen endlich gelungen, die erste Atombombe der Welt, im sogenannten Trinity-Test in Alamogordo, zu einer kontrollierten Explosion zu bringen. Innerhalb weniger Wochen sollte dieser erfolgreiche Test den Präsidenten der Vereinigten Staaten allerdings vor die schwerste Entscheidung seines Lebens stellen.

Wohin mit der Bombe?

Ziel des amerikanischen Unternehmens, des Manhattan-Projekts, war es, noch vor den Deutschen und

den Sowjets eine funktionsfähige Bombe in Händen
zu halten. Durch die Kapitulation Hitlerdeutschlands
am 8. Mai 1945 war ein Kontrahent aus dem Rennen.
Doch wie weit waren die Forschungen der Wissenschaftler Stalins gediehen? Man wußte es nicht genau. So bot sich mit dem erfolgreichen Bombentest
vom 16. Juli 1945 die ideale Gelegenheit, Stalin auf
der Potsdamer Konferenz am 24. Juli davon in
Kenntnis zu setzen und zu sehen, wie er reagierte.
Truman ließ die Nachricht durchsickern.

Doch reichte die Mitteilung aus? Eine Machtdemon-
stration mußte her. Und das einzig brauchbare, ver-
bliebene Ziel in diesem Krieg war Japan.

Die Atombombe für Japan

Viele der am Manhattan-Projekt beteiligten Wissenschaftler lehnten den Einsatz einer Atombombe in

von Menschen besiedelten Gebieten ab. Als Kompromiß schlug man vor, japanische Generäle zu einem Atomtest auf einer einsamen Insel im Pazifik einzuladen, um ihnen die zerstörerische Macht des gespaltenen Atoms und eines möglichen Abwurfs dieser Bombe über Japan vorzuführen. Eine kluge Idee. Vielleicht hätten sie noch vor Ort kapituliert. Wer weiß? Aber weder das Pentagon noch das Weiße Haus hielten diesen Kompromiß für realistisch. Falls der Atomtest in Gegenwart der Japaner mißlungen wäre, hätte man sich womöglich der Lächerlichkeit preisgegeben. Und schließlich sollte gegenüber den Sowjets der Beweis über die Schlagkräftigkeit der Bombe unter Beweis gestellt werden. Deshalb traf Trumans Kabinett die Entscheidung, Anfang August 1945 zwei Atombomben über Japan abzuwerfen, ohne vorher vor der vernichtenden Kraft der Waffe zu warnen. Das würde Tokio zur Kapitulation zwingen und eine verlustreiche Eroberung des Inselreiches überflüssig machen.

Das Wetter entscheidet über das Ziel

Am 3. August soll die erste Atombombe dieser Art auf Japan fallen. Vier Städte kommen als Ziel in Frage: Hiroshima, Kokura, Nigata oder Nagasaki. Sie alle schützt an diesem Morgen ein wolkenverhangener Himmel. Schließlich kann die Bombe nur bei Sichtflugbedingungen eingesetzt werden. Um 7.10 Uhr meldet das amerikanische Wetterbeobachtungsflugzeug ein Aufreißen der Wolkendecke über Hiroshima. Damit ist das Ziel für Colonel Paul Tibbets gefunden. Um 7.40 Uhr startet die viermotorige »Enola Gay«. Sie steigt bis auf 10.000 Meter Höhe und nähert sich der japanischen Hauptinsel Shikoku. Um kurz nach acht Uhr morgens dreht ein Mechaniker die beiden daumengroßen Zündkappen der Atombombe, die nun einen Namen hat, »Little Boy«, eine Vierteldrehung gegen den Uhrzeigersinn. Dann zieht er die Kappen ab und macht dadurch die Zünder scharf. Die Luke öffnet sich, und von drei Fallschir-

men getragen, schwebt das 4 Tonnen schwere Unge-
heuer auf Hiroshima zu. Die Atombombe, die Amerika vielleicht auf Deutschland hätte werfen können,
explodiert drei Tage vor dem Ende des Zweiten
Weltkrieges in 580 Metern Höhe über der Stadt. Ein
5 Millionen Grad heißer Feuerball tötet 90.000 Menschen in Sekundenschnelle, Zehntausende sterben
danach an Verbrennungen und Spätfolgen. Das Wetter hat über das Ende dieser Stadt entschieden.

Drei Tage später detoniert die zweite Atombombe,
»Fat-Man«, über Nagasaki. Nachdem die Japaner die
ungeheure Zerstörungskraft der Bombe erlebt haben, sind sie zur bedingungslosen Kapitulation bereit. Am 15. August 1945, einen Monat nach dem Trinity-Test in New Mexico, war damit der Krieg zu Ende. Die Amerikaner verlagern ihre Atomversuche in
den Pazifik und nach Nevada. Der strategische Vorteil, die einzige Atommacht der Welt zu sein, hält
nicht lange. Schon am 29. August 1949 testen auch

die Sowjets ihre erste Atombombe erfolgreich. Sie
hatten ihre Forschungsanstrengungen massiv inten-
siviert, als Truman die Nachricht von der amerikanischen Bombe Stalin zuspielte. Das atomare Patt
zwischen den USA und der Sowjetunion war erreicht.

Was danach folgte, war der teuerste und bedrohlich-
ste Rüstungspoker der Weltgeschichte, der Kalte
Krieg, der mit der nun folgenden Wettergeschichte
seinen vorläufigen Höhepunkt fand.

DIE KUBA-KRISE 1962:

»DIE CORIOLISKRAFT STOPPT
DAS KRÄFTEMESSEN«

Amerikanisch-sowjetische Begegnung   167

Nikita Chruschtschow hatte John F. Kennedy während ihrer ersten und einzigen Begegnung im Juni 1961 in Wien gewogen und für zu leicht befunden. Hatte dieser Jungspund doch tatsächlich einen von den Russen vorgeschlagenen beiderseitigen Verzicht auf Atomwaffen ausgeschlagen. Er könne keine Konzessionen machen, müsse eine mögliche Wiederwahl im Auge behalten. Er kam zu Verhandlungen und konnte nicht verhandeln. Ein starkes Stück.

Diese Begegnung war dann auch so etwas wie der Anfang der Spirale von Täuschungen und Theorien, Aktionen und Gegenmaßnahmen, die die Welt beinahe ihrem Untergang nahebrachte. Nun glaubte Chruschtschow nämlich, seine seit 1958 ausgesprochene Drohung zur Änderung des Status quo von West-Berlin wahrmachen zu können. Er zweifelte daran, daß dieser, seiner Meinung nach viel zu junge amerikanische Präsident wegen der westlichen Zugangsrechte in Berlin den Atomkrieg mit der Sowjetunion riskieren werde. Der Mauerbau vom August 1961 war da nur ein Zwischenschritt.

Schließlich sah sich Chruschtschow ringsum von Nato-Stützpunkten umzingelt, von denen aus die Atommacht Amerika mit Mittelstreckenraketen sein Land in Schach hielt. Eine unerträgliche Situation. Wenn man sich diesem Druck schon nicht entziehen konnte, so mußte wenigstens der Gegendruck erhöht werden. Am besten vor der Haustür der Amerikaner, in Kuba.

Die tödliche Bedrohung von der Zuckerinsel

Schließlich gab es dort Fidel Castro, der dringend politische und militärische Unterstützung gegen die amerikanische Bedrohung suchte. Sollte er bekommen. Zunächst beschränkte sich die sowjetische Unterstützung allerdings auf die Entsendung von Beratern, die Lieferung von Panzern und Artillerie. Dann aber, Mitte 1962, faßte die Sowjetführung den Beschluß, auch Mittelstreckenraketen mit nuklearen Sprengköpfen – unter eigenem Kommando – auf Kuba zu stationieren.

Die »Operation Anadyr« sah u.a. die Stationierung von rund 40 Mittelstreckenraketen, von Cruise Missiles und Nuklearköpfen vor. Offiziell diente das natürlich ausschließlich der Stärkung der Verteidigungskraft Kubas. Doch am 14. Oktober gelangen den amerikanischen Höhenaufklärern erste Bilder, aus denen hervorging, daß dort keine Defensivwaffen, sondern vielmehr Rampen für Mittel- und Kurzstreckenraketen gebaut wurden, die zudem bereits vor Ort in Hangars lagerten.

170 Eine Seeblockade um Kuba

Zwei Tage später, am Morgen des 16. Oktobers, rief Kennedy eine geheime Arbeitsgruppe ein, die ihm sogleich dringend riet, nach dem Mauerbau keine Schwäche zu zeigen. Da die Ratgeber einen Angriff auf West-Berlin oder eine neue Blockade der Stadt durch die Sowjets befürchteten, traten sie zunächst sehr entschieden für einen militärischen Erstschlag gegen Kuba ein. Glücklicherweise widerstand Kennedy diesem Vorschlag. Statt dessen ordnete er eine Seeblockade um Kuba an. Amerikanische Kriegsschiffe sollten die Lieferung weiterer sowjetischer Waffen verhindern. Den meisten seiner Berater war das zu wenig. Etwas mehr Säbelrasseln durfte schon sein. Am 22. Oktober erfolgte deshalb noch eine Zugabe: Kennedy verkündete, daß jeder Schlag sowjetischer Raketen von Kuba aus gegen die Vereinigten Staaten oder deren lateinamerikanische Partner atomare Vergeltung gegen die Sowjetunion zur Folge

haben werde. Gut so, das wollten die amerikanischen
Bürger hören. Und siehe da: Am 24. Oktober drehten
die sowjetischen Schiffe mit Mittelstreckenraketen an
Bord vor der amerikanischen Blockade ab oder blie-
ben vor Anker.

Der kubanisch-türkische Kuhhandel

Am 28. Oktober war der sowjetische Parteichef bereit, seine Raketen von Kuba gegen das amerikanische Versprechen abzuziehen, die Insel nicht anzu-
greifen. Zusätzlich sollten die Amerikaner zu einem
späteren Zeitpunkt ihre in der Türkei stationierten
Mittelstreckenraketen entfernen. Diese aber standen
unter dem Oberbefehl der Nato und konnten somit
nicht als alleinige Verfügungsmasse der amerikanischen Regierung angesehen werden. Und wie sollte
Kennedy der Nato erklären, daß er für nationale
Interessen die Sicherheit der Alliierten aufs Spiel

setzt? Die Lösung, die er fand, wird heute noch be-
wundert. Öffentlich versicherte er Chruschtschow,
bei Abzug der russischen Raketen auf eine Invasion
Kubas zu verzichten. In einer privaten Botschaft
deutete er an, daß Verhandlungen über eine Rück-
führung seiner Raketen in der Türkei bald beginnen
könnten.

Die Krise spitzt sich zu

Die Seeblockade wurde aufgehoben, aber es kam zu
weiteren Störungen, die das ohnehin zerbrechliche
Abkommen in Frage stellten: der Abschuß eines US-
Aufklärungsflugzeuges über Kuba; das Zögern der
Sowjetunion, auch die IL-28-Bomber aus Kuba abzuziehen, und schließlich Querschüsse Castros, der
sich von seinen sowjetischen Partnern überrumpelt
fühlte und zumindest die taktischen Nuklearwaffen
behalten wollte. Auch am »Checkpoint Charlie« in

Berlin lag damals Krieg in der Luft. Russische und amerikanische Panzer standen einander an der weißen Grenzlinie gefechtsbereit gegenüber. Beide Seiten hatten angeblich Befehl, den ersten Schuß des Gegners sofort zu erwidern. Es dauerte viele Stunden, bis der Kommandant des russischen Führungspanzers plötzlich mit aufheulendem Motor ein paar Meter zurücksetzte.

Eine Frage des Windes

Die dramatische Konfrontation der beiden Supermächte ist auf ihrem Höhepunkt. Man mußte jederzeit mit einem Überraschungsangriff der Sowjets auf Mitteleuropa rechnen. Den Kernwaffenexperten auf beiden Seiten ist vollkommen klar, daß ein derartiger Atomschlag mit dem kollektiven Selbstmord Rußlands einhergehen würde. Auch wegen der zu erwartenden Vergeltungsschläge, aber vor allem wegen der

174   allgemeinen Wetterlage. Wir erinnern uns an die Coriolis-Kraft: Die West-Ost-Bewegung der Erdoberfläche, die die vom Äquator nach Norden strömende Luft nach Westen ablenkt und auf der Nordhalbkugel der Erde vorwiegend für Westwind sorgt. Genau hier lag das Problem: Der Westwind hätte beispielsweise bewirkt, daß sich die radioaktive Wolke einer Atombombe über Frankreichs Kernwaffenarsenalen in der Provence sehr schnell bis nach Kiew ausgebreitet hätte.

Ohne den Westwind hätte aus dem kalten Krieg sehr schnell ein heißer Krieg werden können.

WER
DAS
WETTER
BEHERRSCHT,
BEHERRSCHT
DIE WELT

WETTER ALS WAFFE

Beeinflußbarkeit des Wetters?

Die vorangegangenen Kapitel haben es deutlich gezeigt: Das Wetter ist nicht nur überall, es ist den Herrschenden oder auch den Beherrschten oft der schlimmste Feind. Was liegt also näher, als die Beschäftigung mit der Beeinflußbarkeit des Wetters?

Erste planvolle Versuche, das Wetter mit technischen Hilfsmitteln zu verändern, gab es schon vor einigen Jahrzehnten. Obwohl nicht sonderlich erfolgreich, waren diese Bestrebungen nach Beendigung des Kalten Krieges bedrohlich genug, um sie sogleich verbindlich und vorausschauend auf zivile Nutzungszwecke zu beschränken. Doch bereits 1977 verabschiedete die UNO-Vollversammlung eine Resolution, die die feindselige Nutzung von Techniken zur Umweltveränderung verbot. Die »Convention on The Prohibition of Military or any other hostile use of

Environmental Modification Technique (ENMOD)«
verpflichtete die unterzeichnenden Staaten, jede militärische oder sonstige feindselige Nutzung der Wetterbeeinflussung zu unterlassen, wenn diese weitreichende, langanhaltende oder bedrohliche Folgen haben könnte. Die Verabschiedung dieser Resolution
brachte die Forschung zur Wetterbeeinflussung natürlich nicht völlig zum Erliegen. Sie wurde aber
deutlich verlangsamt und konzentrierte sich zunächst
auf unterdrückende statt intensivierende Maßnahmen und Techniken.

»Owning the weather in 2025«

Eine bislang relativ unbeachtete, von Nico Stehr in
der F.A.Z. am 8. November 2000 erstmals beschrie-
bene und im Internet zugängliche Studie der amerikanischen Luftwaffe aus dem Jahre 1996 (»Owning
the weather in 2025«, www.au.af.mil/au/2025)

kommt zu dem Schluß, daß die amerikanischen Streitkräfte das Wetter durchaus modifizieren und beherrschen können. Und das sogar recht schnell. Wettermodifikationen im Sinne einer präzisen Verstärkung oder Unterdrückung von natürlichen Wetterabläufen sollen schon 2025 möglich werden. In Extremfällen kann dies natürlich auch die Schaffung völlig neuer Wetterphänomene und die Manipulation des globalen Klimas einschließen. Kein schöner Gedanke. Aber schon wegen des möglichen Widerspruchs zur Umweltkonvention der Vereinten Nationen konzentriert sich die Studie auf die Beeinflussung von Wetterprozessen in überschaubaren Gebieten von lediglich bis zu 2000 Quadratkilometer Größe. Als ob man damit eine Gefahr für das globale Klima ausschließen könnte ...

Auch an die Weiter- und Fortbildung wurde gedacht: So schult die »Air University« auf dem Gelände der Maxwell Air Force Base Angehörige der Air Force

»to develop and lead the world's best aerospace force – inspiring commitment to a war-winning profession of arms«. Das Emblem dieser Universität ist schlicht (ein gepanzerter Arm schleudert Blitze auf die Erde), aber aussagekräftig, und es erinnert irgendwie an Zeus und Thor, den Gott des Donners, die uns weiter oben schon begegnet sind. Daß nach vielen Jahrhunderten das Wettermachen immer noch mit ähnliche Assoziationen verbunden ist, ist schon eine beachtliche Konstante.

WETTER AUF BESTELLUNG

Was ist Wetterbeeinflussung?

Heute spricht man von Wetterbeeinflussung, wenn man die Möglichkeiten der Veränderung von Wetterphänomenen auf einem begrenzten Gebiet innerhalb eines begrenzten Zeitraumes beschreiben will. Schon bald aber könnte der Begriff auch für die Fähigkeit stehen, Wettermuster durch Einflußnahme auf die ihnen zugrundeliegenden Faktoren zu verändern. Nach der Studie der US Air Force werden technische Fortschritte in der Meteorologie bereits bis 2005 zu einer Identifikation und Berechenbarkeit der Hauptvariablen der Wetterentstehung führen. Bis 2015 werden elementare Fortschritte im Bereich der Rechnerleistungen, in den Nachbildungstechniken und in der Auswertung atmosphärischer Informationen hochpräzise und zuverlässige Vorhersagen ermöglichen. Und jetzt kommt wieder das »zivile Mäntelchen« der eigentlich militärisch angelegten Studien: Die zunehmende Bevölkerungsdichte wird es im darauffolgenden Jahrzehnt ohnehin zu einer elementaren Notwendigkeit der Regierenden werden lassen, sich mit der weltweiten Verfügbarkeit von Nahrung und Trinkwasser zu beschäftigen und damit die Forschung an hochkomplexer und ausreichend präziser Wetterbeeinflussung voranzutreiben.

Bis 2025 wird man in verschiedenen Teilen der Welt also wahrscheinlich in der Lage sein, lokale Wettermuster nach Wunsch zu gestalten, indem man die Faktoren verstärkt oder unterdrückt, die für Niederschläge, Stürme, Nebel und Weltraumwetter verantwortlich sind. Den Kern der Forschungs- und Entwicklungsarbeiten bildet dabei eine Reihe von Techniken, die auf die Zufuhr von Energie oder chemischen Substanzen in den meteorologischen Prozeß abstellen. Auf angemessene Weise, am rechten Ort und zur rechten Zeit. Folgende Beispiele machen dies deutlich.

Niederschläge

Seit Jahrhunderten träumt der Mensch davon, es nach Belieben regnen lassen zu können. Bislang mit mäßigem Erfolg; gleichwohl könnten sich durch die Entwicklung neuer Techniken und das weltweit wachsende Interesse, Wasserknappheit zu bekämpfen, neue Wege eröffnen. »Bevölkerungsdichte«, »Wasserknappheit«, da sind schon wieder diese immer in den Vordergrund gerückten Beweggründe. Was ist denn nun mit den militärischen Aspekten der Wetterbeeinflussung? Schließlich sind doch die meisten Militäroperationen von den Niederschlagsverhältnissen betroffen.

Wem es gelingt, Regen zu erzeugen und damit den Boden aufzuweichen, der nimmt beispielsweise direkten Einfluß auf die Mobilität eines Gegners. Umgekehrt sorgt die Unterdrückung von Regen dafür, daß schlammiger Grund austrocknet und unter Umständen die eigene Mobilität gewährleistet bleibt. Dazu später mehr. Jetzt erst mal rein in die Praxis. Wie wird Regen gemacht?

Ruß macht Regen

Wissenschaftlich gesprochen, läßt sich das solare Absorptionspotential von Ruß nutzen. Mit Ruß gelingt es nämlich, mittlere Niederschlagsmengen zu erhöhen, Zirruswolken zu erzeugen und Gewitterwolken in ansonsten trockenen Regionen zu verstärken. Wie ein schwarzes Teerdach an einem sonnigen Tag leicht Sonnenenergie absorbiert und anschließend Hitze abstrahlt, so nimmt auch Ruß leicht Sonnenenergie auf. Wenn man ihn in mikroskopischer Form oder als Staub in der Luft über einem Gewässer verteilt, erhitzt er sich und erwärmt auch die umgebende Luft. Dadurch erhöht sich dann die Verdunstung aus dem darunterliegenden Gewässer.

Und jetzt passiert genau das, was wir im ersten Teil des Buches bereits gelernt haben: thermische Blasen entstehen und steigen auf. Der in ihnen enthaltene Wasserdampf kondensiert in einer gewissen Höhe zu Wolken. Mit der Zeit legen die Wassertröpfchen in den Wolken immer mehr an Größe zu, bis sie schließlich zu schwer sind, um frei in der Luft zu schweben. Sie fallen herab, es regnet.

Läßt sich dieses Verfahren wirklich zu militärischen Zwecken nutzen? Unter bestimmten Umständen schon. Die Wahrscheinlichkeit, daß sich ein großes Gewässer entgegen der Windrichtung des Kampfgebietes befindet, dürfte in der Regel zwar gering sein. Wenn die atmosphärischen Bedingungen aber mitspielen, wird die gesättigte Luft Wolken bilden, die in Windrichtung über das Land ziehen und schließlich zu Regenschauern führen.

188 Wie kommt der Ruß in die Luft?

Alles ganz plausibel. Aber wie kommt denn der Ruß eigentlich an die gewünschten Stellen? Sie können sich sicher vorstellen, daß hier schon eine ganze Reihe von Verteilungsverfahren beschrieben und untersucht worden ist. Natürlich kann man große Mengen vorproduzierten Rußes mit der richtigen Teilchengröße in die gewünschte Höhe transportieren und dort verteilen. Die günstigste und sicherste derzeit bekannte Methode ist aber die Verwendung von Nachbrennertriebwerken, die Rußpartikel erzeugen, während sie den ins Auge gefaßten Luftraum durchqueren. Diese Methode basiert auf der Einspritzung von flüssigem Kohlenwasserstoff in die Verbrennungsgase des Nachbrenners.

In der besagten US-Air-Force-Studie »Owning the weather 2025« ist man sehr zuversichtlich, dieses Verfahren in absehbarer Zeit weiter optimieren zu können. So zum Beispiel durch den Einsatz von unbemannten Flugobjekten (Unmanned Aerial Vehicles – UAV).

Eine Kombination der UAV-Technologie mit Tarn- und Rußtechnologien könnte beispielsweise ein unbemanntes Flugobjekt hervorbringen, das während seines Zielanflugs dem feindlichen Radar verborgen bliebe und selbsttätig an jeder beliebigen Stelle Ruß erzeugen könnte. Um eine ausreichende Rußmenge zu erhalten, müßte derzeit allerdings noch eine sehr große Zahl dieser Flugobjekte eingesetzt werden. Das wäre natürlich vermeidbar, wenn es gelänge, den Rußausstoß pro Flugobjekt zu erhöhen. Ein neues, effizienteres System der Rußproduktion auf Grundlage der Nachbrennertechnologie muß also her. Damit die Tarnvorrichtungen weiter wirksam eingesetzt werden können, müßte dieses System aber in der Lage sein, Ruß bei gleichzeitiger Minimierung der infraroten Wärmequellen des eigenen Triebwerkes aus-

190 zustoßen. Eine komplexe, aber nicht unlösbare Aufgabe, an der die amerikanischen Luftstreitkräfte mit großer Entschlossenheit arbeiten.

Regen unterdrücken

Außer zur Niederschlagssteigerung wären unbemannte Tarnflugzeuge auch zur Niederschlagsunterdrückung geeignet. So könnte man vom Wind vorangetriebene Wolken vor ihrer Ankunft an einem bestimmten Ort mit Trockeneis (gefrorenem Kohlendioxid), Silberjodid oder anderen kernbildenden Substanzen anreichern (»impfen«), um die Tropfenbildung anzuregen. Am überzeugendsten gelingt dies bislang in der Praxis mit der sogenannten Silberjodidimpfung: Das gelblich-grüne Salz wird in Aceton gelöst und bei etwa 1.000 Grad verbrannt. Dazu hängen an den Tragflächen der Flugzeuge schwere Generatoren, die das Gemisch in die Wolken versprühen. Auf diese Weise soll in den Wolken die Menge der sogenannten Eiskeime vermehrt werden. Ein Gramm Silberjodid kann zwischen vier und sechs Billiarden solcher Eiskeime produzieren. Zur Erinnerung: Die Vermehrung der Eiskeime hat zwei wichtige Wirkungskomponenten. Zum einen verdichtet sich der Wasserdampf um diese Kondensationskerne herum; er friert an. Und zum anderen sorgen die bei der Eisbildung freiwerdenden Wärmemengen dafür, daß innerhalb der Wolke weitere Aufwinde entstehen. Das treibt die schon vorhandenen Wassertröpfchen in noch höhere und damit kältere Schichten der Wolken, wo sie durch weitere Kondensation wachsen und schließlich als Regen aus der Wolke fallen.

Aus militärischer Sicht könnten Wolken also »gezwungen« werden, sich vor ihrer Ankunft im Zielgebiet abzuregnen, wodurch es dort trocken bliebe.

192 Nebel

Die jahrzehntelange Forschung hat dazu geführt, daß die Nebelauflösung schon heute zu einer wirkungsvollen Methode der Wetterbeeinflussung gereift ist, die sowohl in der militärischen als auch der zivilen Luftfahrt eingesetzt wird.

Erfolgreiche Nebelauflösung erfordert normalerweise einen Erhitzungs- oder Impfprozeß. Welches Verfahren besser wirkt, hängt von der Art des Nebels ab. Vereinfacht gesagt, gibt es zwei Grundtypen von Nebel: kalten und warmen. Kalter Nebel tritt bei Temperaturen unter $0°C$ auf. Das wirkungsvollste Auflösungsverfahren für kalten Nebel ist, ihn aus der Luft mit Mitteln zu impfen, die das Wachstum von Eiskristallen fördern. Warmen Nebel gibt es bei Temperaturen ab $0°C$. Auf sein Konto gehen 90 Prozent der mit dem Nebel in Zusammenhang stehenden Probleme im Flugverkehr.

Das naheliegendste Verfahren zur Nebelauflösung ist hier die Erhitzung. Ein geringer Temperaturanstieg genügt nämlich in der Regel, um Nebel verdunsten zu lassen. Einige Jahrzehnte gelang dies mit der Anwendung des 1936 in England entwickelten FIDO-Verfahrens (von engl. Fog, intensive dispersal of = intensive Nebelzerstreuung). Das technische Konzept war äußerst einfach: Versprühen von Treibstoff mit anschließender Entzündung. Ein glücklicherweise sensibilisiertes Umweltbewußtsein hat diese Methode nahezu verschwinden lassen.

Heute neigt man eher dazu, wärmere Luft, die über einer Nebeldecke liegt, durch Hubschrauber in den Nebel hineinzumischen. Unter Laborbedingungen und in Feldversuchen haben sich auch schon Mikrowellen und Laser bewährt. In der Praxis mangelt es hier aber noch an geeigneten Techniken zur Erzeugung ausreichender und zielgerichteter Strahlungsenergie.

194   Jüngste Laborexperimente der US-Armee haben gezeigt, daß Nebelerzeugung machbar ist. Mit handelsüblichen, nicht näher benannten Geräten konnte dort auf einer Strecke von hundert Metern dichter Nebel erzeugt werden. Panzer- und Infanteriebewegungen könnten so verschleiert werden, militärische Operationen im Verborgenen stattfinden.

Stürme

Die Modifizierung von Stürmen zur Erreichung militärischer Ziele ist die aggressivste und kontroverseste Form der Wetterbeeinflussung. Die während eines Tropensturms freigesetzte Energie entspricht beispielsweise der von 10.000 Wasserstoffbomben zu je einer Megatonne. Hurrikane entstehen beispielsweise in der Nähe des Äquators über den Ozeanen. Sie werden durch die Verdunstung besonders warmen Wassers angeheizt. Das legt einen einfachen

Schluß nahe: Wer die Wirbelstürme aufhalten will, muß eigentlich nur das Wasser kühlen oder zumindest den Verdunstungsprozeß unterbrechen.

Eine Forschergruppe vom amerikanischen Massachusetts Institute of Technology geht dieser Idee seit einiger Zeit nach. Flugzeuge fliegen vor dem Wirbelsturm her und besprühen das Meer mit biologisch abbaubarem Öl. Das Öl breitet sich großflächig aus und bildet einen dünnen Film, der das Wasser zu verdunsten hindert. Die Luft kühlt sich ab, und der Hurrikan kommt über der offenen See zum Stehen. Soweit die Theorie.

In der Praxis ist es bislang noch nicht gelungen, einen Ölfilm zu produzieren, der auch in rauher See dichthält. Und ein geschlossener Ölfilm läßt einen tobenden Hurrikan völlig ungebremst vorangleiten und unter Umständen sogar noch zusätzliche Geschwindigkeit gewinnen.

196 Verfahren zur Sturmerzeugung sind bislang noch nicht bekannt. Die US-Air-Force-Studie hält sich zu diesem Thema zudem auffällig bedeckt. Ein Indiz für fortgeschrittene, erfolgversprechende Studien? Man wird sehen. Entscheidend für den erfolgreichen Versuch einer Sturmerzeugung ist in jedem Fall die Fähigkeit, atmosphärische Instabilitäten zu erzeugen. Das könnte erreicht werden, indem man die vorhandene Wärmefreisetzung in der Atmosphäre gezielt verstärkt, für zusätzlichen Wasserdampf zur Bildung von Wolkenzellen sorgt und eine zusätzliche Erwärmung der Erdoberfläche und der unteren Atmosphäre vornimmt. Entscheidend dabei aber sind in jedem einzelnen Fall die vorhandenen lokalen und regionalen atmosphärischen Bedingungen. Die Zugrichtung erzeugter oder verstärkter Sturmzellen hängt schließlich von den herrschenden Winden ab, die bis heute glücklicherweise noch nicht steuerbar sind.

Gewitter

Durchschnittlich alle 40 Sekunden zuckt irgendwo auf der Welt ein besonders heftiger Blitz. Zumeist als Teil eines Gewitters mit starkem Regen, Hagel und Sturmböen. Wer häufig mit dem Flugzeug reist, hat wahrscheinlich bemerkt, daß Piloten bis zum Äußersten gehen, um Gewitterfronten auszuweichen. Sogar die Piloten der modernsten Kampfjets unternehmen alles, um den dabei entfesselten Naturgewalten aus dem Weg zu gehen. Auch die US-Air-Force-Studie erwartet für das Jahr 2025 noch keine nutzbaren Techniken zur Gewittervermeidung. Schlechtes Wetter wird auch dann noch eine Gefahr für die Luftfahrt darstellen.

Der für die nächsten 30 Jahre projektierte technische Fortschritt wird das Gefahrenpotential aber maßgeblich vermindern können. Computergesteuerte Flugsysteme werden in der Lage sein, Flugzeuge automa-

198 tisch durch schnell wechselnde Winde zu führen. Diese Maschinen werden auch mit hochpräzisen Meßsystemen ausgestattet sein, die augenblicklich eine Sturmzelle vermessen können und das Flugzeug dann automatisch durch ihren sichersten Bereich steuern können. Für die Zukunft stellt man sich zudem vor, Flugzeuge mit unempfindlicherer Elektronik auszurüsten, die einen Blitzschlag übersteht und vielleicht sogar ein elektrisches Feld zur Neutralisierung oder Ablenkung von Blitzen um das Flugzeug errichten kann. Ein gutes Stichwort. Auch wenn Gewitter in ihrer Gesamtheit noch nicht beeinflußbar sind, können Blitze aber schon seit geraumer Zeit gezielt erzeugt werden.

Blitze

Ein bedeutendes Gebiet der militärischen Sturmforschung ist die Beeinflussung von Blitzen. Die Forschungsbemühungen gehen derzeit in die Richtung, das Auftreten oder die Gefahren von Blitzen einzudämmen.

Für Angriffszwecke könnten auch Forschungen zur Verstärkung des Potentials und der Intensität von Blitzen hilfreich sein. So werden seit einiger Zeit Methoden untersucht, die es erlauben könnten, das elektrische Potential eines Gewitters über bestimmten Zielen zu verändern, um Blitze auszulösen und sie während des Durchzugs des Gewitters an der gewünschten Stelle einschlagen zu lassen. Eile ist bei diesen Untersuchungen nicht geboten. Schließlich verfügen die Streitkräfte einiger Großmächte schon seit vielen Jahren über sogenannte E-Bomben (Elektromagnetische Bomben), die wie ein Blitzschlag wirken.

200 Künstlicher Blitzschlag

1932 hatte der bulgarische Wissenschaftler Christov entdeckt, daß Sprengladungen neben Licht und Schall auch elektromagnetische Impulse freisetzen, die wie ein Blitzschlag wirken. Seit den sechziger Jahren entwickelten amerikanische und russische Militärs elektromagnetische Bomben, die heute in Marschflugkörpern verschossen werden und in Millisekunden elektronische Geräte wie etwa Computer, Radar- und Funkanlagen zerstören. In der Nähe eines Flughafens, einer Börse oder eines Kraftwerkes zur Detonation gebracht, könnten E-Bomben Lebensnerven eines Kriegsgegners zerstören. Diese künstlich erzeugten Blitzschläge überlasten dann alle Schaltkreise der näheren Umgebung, von Alarmanlagen bis zu Zündungen von Fahrzeugen. An einen der zuletzt bekanntgewordenen Einsätze solcher Waffen können sie sich wahrscheinlich sogar noch erinnern: Am 24. März 1999 legten aus amerikanischen Flugzeugen abgeworfene elektromagnetische Bomben die Stromversorgung und alle Kommunikationsmöglichkeiten der serbischen Militärführung in Pristina (Kosovo) lahm. Die Serben waren in der Folge nicht mehr in der Lage, ihre militärischen Operationen zu koordinieren, und wurden so an den Verhandlungstisch gezwungen.

Die Beeinflussung der hohen Atmosphäre

Die Lufthülle der Erde besteht aus mehreren, klar voneinander getrennten Stockwerken. In den ersten zehn bis zwölf Kilometern oberhalb der Erdoberfläche, in der Troposphäre, spielen sich das Wettergeschehen sowie der klimatisch wichtige Austausch von Wärmeenergie zwischen der Lufthülle, den Ozeanen und dem Festland ab. Es folgt die Stratosphäre mit der für die Filterung von ultravioletter Strahlung wichtigen Ozonschicht. Und in etwa fünfzig Kilometern Höhe beginnt die Mesosphäre, die schließlich in Höhen von mehr als achtzig Kilometern in die Thermosphäre übergeht. Die reicht dann bis in etwa dreihundert Kilometer Höhe.

In der dort extrem dünnen Luft ist die Sonneneinstrahlung so intensiv, daß die Luftmoleküle zum Teil ionisiert werden und innerhalb der Thermosphäre die verschiedenen elektrisch leitenden Schichten der Ionosphäre entstehen. Bei der Ionisation werden Sauerstoffatome von schnellen Sonnenteilchen elektrisch aufgeladen. Diese Teilchen erreichen uns mit dem sogenannten Sonnenwind, der sie mit einer durchschnittlichen Geschwindigkeit von 1,5 Millionen Kilometern pro Stunde auf die Erdatmosphäre treffen läßt.

»SPACE WEATHER«

Das Wetter im erdnahen Raum

Die in großen Höhen geladenen Sauerstoffatome sind in der Lage, Radiowellen zu reflektieren oder zu dämpfen (absorbieren). Logischerweise ist dieser Zustand stark von der Tageszeit abhängig. Das ist wie bei der Thermik: Ohne direkte Sonneneinstrahlung geht's nun mal nicht. Die Reflexionseigenschaften sind zudem für einzelne Wellenlängenbereiche unterschiedlich.

Allgemein werden Kurzwellen am besten reflektiert und am wenigsten gedämpft. Die in einem bestimmten Winkelbereich von der Erdoberfläche ausgestrahlten Kurzwellen werden in der Ionosphäre wie an einem Hohlspiegel reflektiert. Da die reflektierten Wellen auch am Erdboden wieder zurückgeworfen werden, können sie nach mehrmaliger Reflexion beliebige Entfernungen auf der Erde überbrücken.

206 Gelegentlich können allerdings Störungen der Reflexionseigenschaften auftreten. Meistens geschieht dies in der Folge vermehrter Sonneneruptionen, die die ultraviolette Strahlung der Sonne sehr verstärken und die geladenen Teilchen mit Geschwindigkeiten bis zu 3,6 Kilometern pro Stunde auf die Erde treffen lassen. Durch diese Vorgänge kann die Ionisation der tiefsten Schichten der Ionosphäre so stark ansteigen, daß die Radiowellen nur noch gedämpft, aber nicht mehr reflektiert werden. Diese kurzzeitigen Erscheinungen werden auch unter dem Begriff »Space Weather« zusammengefaßt – man spricht vom Wetter im erdnahen Raum.

Ist man nun darauf angewiesen, daß die Ionosphäre Funkwellen reflektiert, besteht der Hauptnachteil in ihrer Veränderlichkeit. Man kann die Ionosphhäre mit einem Stück zerknitterten Wachspapier vergleichen. Ihre relative Position hebt und senkt sich in Abhängigkeit von diesen Wetterbedingungen.

So wie beim Papier verändert sich die Oberflächengestalt dementsprechend fortwährend, was zu Schwankungen in den Reflexions-, Brechungs- und Übertragungseigenschaften führt. Eine künstlich geschaffene einheitliche Ionosphäre könnte als Präzisionsreflektor für elektromagnetische Strahlung einer bestimmten Frequenz oder eines bestimmten Frequenzbereiches hervorragende (militärische) Dienste leisten. So könnte man sowohl die eigene Kommunikation zielgenau steuern, als auch Übertragungen eines Gegners abfangen.

Die militärische Nutzung der Ionosphäre

Die eigene Kampfkraft ließe sich speziell durch die Verbesserung von Kommunikation, Messung und Navigation entscheidend verbessern. Bei gleichzeitiger Beeinträchtigung des Gegners in diesen Bereichen, versteht sich.

208 Durch wirksame Beeinflussung ließen sich seine Überwachungs- und Erkundungssysteme im Bereich der weltraumgestützten Aufklärung und der Satellitenaufnahmen lahmlegen. Auch wenn der technologische Fortschritt bis 2025 die Bedeutung gewisser elektromagnetischer Frequenzen für die amerikanische Luft- und Raumfahrt verringern wird, werden die meisten potentiellen Gegner wahrscheinlich auch dann noch bei Kommunikation, Messung und Navigation von solchen Frequenzen abhängig und deshalb äußerst anfällig für Störungen durch Beeinflussung des Weltraumwetters sein.

Besonders spektakulär mutet in diesem Zusammenhang ein meteorologisches Forschungsprojekt mit der Bezeichnung »High-Frequency Active Auroral Research Program (HAARP)« an. Ein vom Pentagon finanziertes Programm zur weiteren Erforschung der Ionosphäre, das gemeinsam von der US Air Force und der US Navy geleitet wird.

Mit Hilfe von Hochleistungsantennen versucht man derzeit in den Wäldern von Alaska gewaltige Energiemengen in die Atmosphäre zu strahlen: 1,7 Milliarden Watt im Frequenzbereich zwischen 2,8 und 10 MHz. Das entspricht immerhin der Leistung eines großen Kernkraftwerks und legt nahe, daß es hier um mehr als nur »Grundlagenforschung« geht. Die in die Atmosphäre gestrahlten energiereichen Radiowellen führen – wie bei einem Mikrowellenofen – zu einer Temperaturerhöhung in der Ionosphäre. Auf diese Weise können große leitende Zonen erzeugt werden, die sich dann als Antenne für sehr niederfrequente Wellen nutzen lassen. Diese können, im Gegensatz zu hochfrequenten Wellen, Wasser gut durchdringen und werden zur Kommunikation mit getauchten U-Booten genutzt.

An der Frage, welche negativen Konsequenzen die eingesetzten Energiemengen für die Erdatmosphäre haben könnten, scheiden sich allerdings die Geister

210   der Experten. Von irreparablen Schäden bis zur lokalen Störung des Funkverkehrs reicht hier die
Bandbreite der Annahmen.

Künstliches Wetter

Während die Forschung auf dem Gebiet der Wetterbeeinflussung meist von bestimmten äußeren Einflüssen abhängig ist, wäre es vielleicht auch möglich, vermeintliche Wettereffekte zu erzeugen: ein virtuelles Wetter sozusagen. Ein Wetter, das nur auf Basis empfangener Wetterinformationen entsteht. Ganz einfach durch die Manipulation der Parameterdaten globaler oder lokaler meteorologischer Informationssysteme eines potentiellen Gegners.

Eine umweltverträgliche und zudem unaufwendige Variante der Wetterbeeinflussung, die mit großer Sicherheit fehlerhafte operative Entscheidungen eines potentiellen Gegners nach sich zöge.

214 Nanotechnologie

Die Miniaturisierung technischer Systeme geht inzwischen mit einer solchen Geschwindigkeit vor sich, daß die Schaffung völlig neuer, für das bloße Auge unsichtbarer Welten in greifbarer Nähe scheint. Die Nanotechnologie – der Name leitet sich aus dem griechischen Wort für Zwerg ab – beschäftigt sich mit den Bausteinen der belebten und unbelebten Materie und führt damit die klassischen Fächer Physik, Chemie und Biologie wieder zusammen. Ärzte und Molekularbiologen lernen, die physikalischen Eigenschaften der Materie zu schätzen. Chipentwickler und Physiker schauen sich in der Nanowelt Methoden aus der Natur ab. Einzelne Atome werden in Zukunft gezielt gesteuert zu immer komplexeren Verbänden zusammengefügt. Zur Verdeutlichung: Ein Nano-Strukturelement verhält sich in der Größe zu einem Fußball wie dieser zur Erde. Nicht millionstel, sondern milliardstel Meter messen diese Objekte.

Erst kürzlich vermeldete das amerikanische Computerunternehmen IBM, ihm sei der Bau von Transistoren gelungen, die fünfhundertmal kleiner seien als heutige Transistoren in höchstintegrierten Schaltkreisen. Eine Leistung, mit der die Amerikaner inzwischen nicht mehr allein sind: Auch deutschen Wissenschaftlern von der Technischen Universität Chemnitz ist dieses Kunststück inzwischen gelungen.

Nanotechnologie böte natürlich die Möglichkeit, simuliertes Wetter zu erzeugen. Eine oder mehrere »Wolken« mikroskopisch kleiner, lenkbarer Roboter (Nanobots), die alle miteinander und mit einer größeren Steuereinheit kommunizieren, böten interessante Einsatzmöglichkeiten. Miteinander in Verbindung stehend, frei in der Atmosphäre schwebend und mit dreidimensionaler Navigationsfähigkeit ausgestattet, könnten sie beispielsweise gegnerische optische Sensoren blockieren oder sich so einstellen, daß sie vor feindlichen Überwachungsmethoden

216 Schutz böten. Durchaus vorstellbar wäre auch, daß sich mit ihrer Hilfe elektrische Potentialdifferenzen in der Atmosphäre erzeugen ließen, um so ziel- und zeitgenaue Blitzschläge auszulösen. Auch wenn die einsetzbaren Energiemengen für eine wirksame Angriffswaffe nicht ausreichten, böten sich in vielen Fällen fantastische Einsatzmöglichkeiten bei psychologischen Operationen. Schließlich klingt dies doch wie ein Stück aus einem Horrorfilm.

Wettermachen, ein uralter Traum der Menschheit. Doch ein altes Märchen warnt uns davor, gottgleich agieren zu wollen:
Petrus ließ einen Bauern das Wetter machen. Sonne, Regen, perfekt abgestimmt für eine gute Ernte. Doch alle Ähren waren am Ende leer. Kein Korn! Der Bauer hatte den Wind vergessen ...

ANHANG

WETTER-ABC

Gewitter. Gewitter entstehen vor allem durch starke   219
Erwärmung der bodennahen Luft und Hebung der
Luft an Wetterfronten. In der Folge kommt es zu
Starkregen, Hagel, Blitzschlag und Sturmböen.

GOS (Global Observation System). Das globale
Beobachtungssystem besteht aus einer Reihe von
Wettersatelliten auf polaren Umlaufbahnen sowie
aus insgesamt rund 12.000 Landstationen, über 7.000
Schiffen und Bohrinseln, ungefähr 700 Radiosonden-
stationen und zahlreichen Flugzeugen der großen
Fluglinien.

Kaltfront. Kältere Luft schiebt sich unter warme,
zwingt sie zum raschen Aufstieg, oft verbunden mit
Gewittern.

Kondensation. Umwandlung des gasförmigen Wasserdampfs in flüssiges Wasser (siehe Taupunkt).

220 **Luftdruck.** Die Luft besteht aus Aberbillionen von Gasmolekülen, die sich ständig in alle Richtungen bewegen. Dabei stoßen sie aufeinander und auf benachbarte Objekte und üben so in der Summe eine mehr oder weniger große Kraft, den Luftdruck, aus. Er nimmt in der Atmosphäre zur Höhe hin rasch ab, denn unter dem Einfluß der Schwerkraft sammeln sich die meisten Gasmoleküle in den unteren Schichten der Atmosphäre. Der Luftdruck wird in Hektopascal (hPa) – früher Millibar – gemessen.

Luv- und Lee-Effekte. Gebirge zwingen die vom Wind herangeführten Luftmassen zum Aufstieg, verstärken so auf der Luv-Seite die Wolkenbildung und den Niederschlag. Auf der windabgewandten Seite des Gebirges – im Lee – lösen sich die Wolken dagegen auf, es fällt kaum Regen.

Niederschläge (Regen, Schnee, Hagel). Niederschläge entstehen, wenn die winzigen Wassertröpf-

chen oder Eispartikel, aus denen die Wolken beste-   **221**
hen, so groß werden, daß sie von den Luftströmun-
gen nicht mehr in der Schwebe gehalten werden
können und unter dem Einfluß der Schwerkraft zu
Boden fallen.

Taupunkt. Eine aufsteigende Luftmasse erreicht
früher oder später eine Temperatur, bei der sie mit
Wasserdampf gesättigt ist. Ihre relative Feuchte be-
trägt dann 100 Prozent. Wenn die Temperatur weiter
sinkt, kommt es zur Kondensation.

Temperaturumrechnung. Von Celsius in Fahrenheit: (1,8 x Celsius) +32; von Fahrenheit in Celsius:
(0,56 x Fahrenheit) −32.

Verdunstung. Etwa 90% des Wasserdampfs in der
Atmosphäre stammen von den Weltmeeren. Wasser
verdunstet dort und geht vom flüssigen Zustand in
Wasserdampf über.

222 **Warmfront.** Wärmere Luft überflutet bodennahe Kaltluft, kühlt bei Kontakt mit ihr ab und bildet Regenwolken.

Web-Wetter-Adressen.
www.dwd.de (Deutscher Wetterdienst)
www.hq.nasa.gov/ (Satellitenbilder der NASA)
www.nooa.gov/ (Internationale Wetterkarten)

Weltwetterwacht (WWW). Die Weltwetterwacht, kurz WWW genannt, nahm nach einem Beschluß der UNO 1967 ihre Arbeit auf. Sie versorgt alle Länder der Erde mit dem für Wettervorhersagen, meteorologische Beratung und Forschung notwendigen Datenmaterial.

Wetter. Wetter ist ein komplexes System von Kreisläufen und Kräften, gespeist durch Sonnenenergie, innerhalb der Atmosphäre.

Wolkenauflösung. Wolken lösen sich durch Niederschlag oder Untersättigung auf. Untersättigung tritt ein, wenn die winzigen Wassertröpfchen verdunsten, sich also in Wasserdampf zurückverwandeln (z.B. durch Erwärmung in den unteren Etagen der Atmosphäre).

Wolkenbildung. Wolken entstehen und vergehen durch Verdunstung und Kondensation. Die aufsteigende Warmluft wird dabei durch drei Vorgänge auf Kondensationsniveau (siehe Kondensation) gebracht:

Bei der Konvektion steigen Pakete aus warmer Luft vom Erdboden bis zum Kondensationsniveau auf. Beim Aufgleiten feuchtwarmer Luftmassen auf kältere (siehe Warmfront) bilden sich an den Luftmassengrenzen Wolken. Und zuletzt entstehen Wolken, wenn Luft an Gebirgshängen bis zum Kondensationsniveau aufsteigt (siehe Luv- und Lee-Effekte).

224 **Wolkengrundformen.** Es gibt zwei Grundformen von Wolken: die Haufenwolke (lat.: cumulus) und die Schichtwolke (lat.: stratus).

Haufenwolken entstehen meist durch Konvektion oder den Aufstieg feuchter Luftmassen an Gebirgshängen (siehe Wolkenbildung).

Schichtwolken entstehen in der Regel an Fronten beim Aufgleiten warmer Luft auf kältere (siehe Warmfront und Wolkenbildung).

BÜCHER ZUM WEITERLESEN
UND BENUTZTE LITERATUR

Als die Römer im Regen standen – Der Einfluss des 227
Wetters auf den Lauf der Geschichte
von Erik Durschmied (Lübbe 2002)

BBC-Reporter Erik Durschmied hat einige der be-
deutsamsten Wetterkapriolen der Weltgeschichte zusammengetragen und geradezu romanartig beschrieben. Von einem legendären Taifun, der die Japaner
am 15. August 1281 vor einer mongolischen Invasion
bewahrte, über Napoleons Rußlandfeldzug bis hin
zur Ardennenschlacht und zum Vietnamkrieg reicht
das Panorama der wetterbestimmten Ereignisse.

Als die Sonne erlosch (Catastrophe) – Die
Naturkatastrophe, die die Welt verändert hat
von David Keys (Blessing 1999)

Im 6. Jahrhundert hat eine Naturkatastrophe, ausge-
löst durch einen Vulkanausbruch, die Erde erschüt-

tert. 18 Monate lang blieb die Sonne hinter einem Schleier aus Staub verborgen. Keys schildert die weiträumigen geo- und soziopolitischen Auswirkungen dieser wissenschaftlich nachweisbaren Klimaveränderung. Ein neuartiges historisches Panorama, das von Westeuropa über den Nahen und Fernen Osten bis nach Tasmanien reicht.

Der Zweite Weltkrieg
von Gerhard Schreiber (C.H. Beck 2002)

Alles über die Vorgeschichte und die Ursachen, den Verlauf und die Wirkungen des Zweiten Weltkrieges. Eine ideale Einführung für jeden historisch interessierten Leser, die sich auch eingehend mit dem Vernichtungskrieg gegen die Juden, Sinti und Roma sowie den Kriegsverbrechen in Europa und Asien befaßt. Wissenswertes auf nur 126 Seiten.

Die Kennedys – Glanz und Tragik
des amerikanischen Traums
von Robert von Rimscha (Campus Verlag 2001)

Alles über die Kennedys und vieles über die weltpolitischen Rahmenbedingungen und Entwicklungen dieser Zeit. Verständlich und kurzweilig aufbereitet.

Die Macht des Wetters –
Wie das Klima die Geschichte verändert
von Brian Fagan (Patmos Verlag 2001)

Eine sehr spannende und verständliche Darstellung des Zusammenhangs von klimatischer und menschlicher Entwicklung. Das Buch zeigt, wie eine weltweit wirkende Klimamaschine das Wetter auf unserem Globus bestimmt und auch die Geschicke menschlicher Gesellschaften und ihre Entwicklung beeinflußt.

230 Große Kaiser Roms
von Reinhard Raffalt (Piper 1986)

Elf Porträts römischer Kaiser: Von Cäsar bis Julian
Apostata. Spannend und kurzweilig geschrieben. Aus
trockenen historischen Daten wird lebendige Geschichte.

**Klima macht Geschichte – Menschheits-
geschichte als Abbild der Klimaentwicklung**
von Kenneth J. Hsü (orell füssli 2000)

Hsüs Grundthesen: Die Chronik unserer Zivilisa-
tionsgeschichte ist ein Ausdruck der klimatischen
Veränderungen der letzten 5000 Jahre. Es ist möglich, mit Mustern vergangener Klimaveränderungen
Entwicklungen vorauszusehen. Spannend und verständlich geschriebene Menschheitsgeschichte in einem neuen Blickwinkel.

Klima, Wetter, Mensch
von Nico Stehr und Hans von Storch (C.H. Beck 1999)

Dieses Buch versucht nicht nur zu erläutern, was unter dem Begriff »Klima« heute verstanden wird, sondern zeigt auch, wie stark sich die Deutung und die Erforschung des Klimas im Laufe der Geschichte gewandelt hat und in unserer Zeit notwendigerweise zu einer Aufgabe der Natur- und Sozialwissenschaften geworden ist. Besonders eindrucksvoll ist die Beschäftigung der Autoren mit den erwarteten grundsätzlichen Klimaveränderungen gelungen.

Ludwig XVI. oder das Ende einer Welt
von Bernhard Fay (Callwey 1956)

Eine überwältigende Biographie des französischen Königs, geschrieben vom ehemaligen Direktor der

232   französischen Nationalbibliothek. Ein überraschendes geschichtliches Bild des vielgeschmähten Königs, das die schicksalhafte Verkettung aufzeigt, die Ludwigs Bemühungen, seine Klugheit und seine Aufopferung zerbrechen ließen im Kampf gegen alle und alles, gegen Aristokratie, Geistlichkeit und Parlament.

Lust an der Geschichte: Die Französische Revolution 1789–1799. Ein Lesebuch
von U. F. Müller (1988)

Ein vielschichtiger und analytischer Blick auf die Personen, Ereignisse, Strukturen und Mentalitäten zur Zeit der Französischen Revolution.

Paris im Rausch – Die Revolution in Frankreich 1789–1795
von Günter Barudio (Bertelsmann Lexikon Verlag 1989)

Ein republikanisches Lesebuch, das mit Sympathie für den »Geist von 1789« geschrieben ist, mit Anteilnahme für Menschen, die sich damals um die aristotelische »Kunst des Gleichen und des Guten« bemühten.

Praktisches Wetterlexikon
von Reinhold Wildegger (C.H. Beck 1987)

Kleines Lexikon mit kurzen Erläuterungen meteorologischer Fachbegriffe.

The Rise and the Fall of the Great Powers: Economic, Change and Military Conflict from 1500 to 2000
von Paul Kennedy (Random House 1988)

Das Buch erzählt die Geschichte der Neuzeit als eine Serie von Versuchen, mit denen jedesmal ein

234 anderes europäisches Land die Welt und Europa in einem Imperium zusammenfassen wollte und dabei immer an der Überdehnung seiner Ressourcen scheiterte: von Spanien und Frankreich, über England, Deutschland und Rußland. Spannend und lehrreich.

Unser Wetter, unser Klima
von Stefan Mailänder, Red. (Das Beste 1997)

Eine leicht verständliche, packend geschriebene Einführung in die Wetter- und Klimakunde.

Was wäre gewesen, wenn?
Wendepunkte der Weltgeschichte
herausgegeben von Robert Cowley (Knaur 2000)

Ein Buch zu den heimlichen Lieblingsbeschäftigungen der Historiker: Was wäre gewesen, wenn Hitler den Zweiten Weltkrieg gewonnen hätte? Wenn Amerika von den Arabern und nicht von den Amerikanern entdeckt worden wäre? Virtuelle Geschichte, von führenden Historikern betrieben, zeigt die ungeschehenen Möglichkeiten jenseits unserer traditionellen Vorstellung von Geschichte.

Wetterkunde für alle
von Günter D. Roth (BLV 1995)

Leicht verständliche, illustrierte Einführung in die Meteorologie.

Wolken, Wetter: Wetterentwicklung erkennen und vorhersagen – mit Anleitungen für die eigene regionale Wetterprognose
von Dieter Walch und Ernst Neukamp (Gräfe und Unzer 1989)

236 Die Anleitungen für die eigene regionale Wetter-prognose sind sehr knapp; um so größer ist die Fülle erstklassiger Wolkenfotos.

Wolken, Wind und Wetter – Naturerlebnisführer mit Klimaphänomenen, Wolkensteckbriefen und illustriertem Wetterlexikon
von William J. Burroughs, Bob Crowder, Ted Robertson, Eleanor Vallier-Talbot, Richard Whitaker (Mosaik Verlag 1999)

Leicht verständliche Texte und aufwendige Farbillustrationen machen dieses reich bebilderte Wetterlexikon zu einem unentbehrlichen Nachschlagewerk für den Hobbymeteorologen.

DER AUTOR

Jan Klage

studierte Soziologie und Betriebswirtschaftslehre in Frankfurt am Main und wurde dort 1990 promoviert. Nach Stationen in der Werbung und im Kreditwesen leitet er seit einigen Jahren die Marketingabteilung der Frankfurter Allgemeinen Zeitung. Klage wurde 1961 in Offenbach am Main geboren.